U0367565

雨夜谭
涩泽荣一自传

〔日〕涩泽荣一 著

〔日〕马场公彦 主审

黄璐 刘子达 赵新悦 译

上海交通大学出版社
SHANGHAI JIAO TONG UNIVERSITY PRESS

内容提要

本书是"日本现代企业之父"涩泽荣一的自传。全书以动荡的日本幕末维新为背景，讲述涩泽荣一从童年到青年、壮年时期，从攘夷志士到德川家臣，从明治政府官员到实业家的传奇人生。而涩泽荣一数度转型的起伏人生，也部分反映了日本明治维新的历史图景。

图书在版编目（CIP）数据

雨夜谭：涩泽荣一自传／（日）涩泽荣一著；（日）
马场公彦主审；黄璐，刘子达，赵新悦译. 一上海：
上海交通大学出版社，2022.4
ISBN 978－7－313－26584－5

Ⅰ.①雨… Ⅱ.①涩… ②马… ③黄… ④刘… ⑤赵
… Ⅲ.①涩泽荣一（1840－1931）－自传 Ⅳ.
①K833.135.38

中国版本图书馆 CIP 数据核字（2022）第 020184 号

雨夜谭：涩泽荣一自传
YUYETAN：SEZERONGYI ZIZHUAN

著　　者：［日］涩泽荣一　　　　　　　主　　审：［日］马场公彦
译　　者：黄　璐　刘子达　赵新悦
出版发行：上海交通大学出版社　　　　　地　　址：上海市番禺路 951 号
邮政编码：200030　　　　　　　　　　　电　　话：021－64071208
印　　制：苏州市越洋印刷有印公司　　　经　　销：全国新华书店
开　　本：880 mm×1230 mm　1/32　　　印　　张：7.75
字　　数：125 千字
版　　次：2022 年 4 月第 1 版　　　　　印　　次：2022 年 4 月第 1 次印刷
书　　号：ISBN 978－7－313－26584－5
定　　价：68.00 元

序

本书《雨夜谭：涩泽荣一自传》（以下简称《雨夜谭》）是涩泽荣一（1840—1931，号青渊）唯一的自传，为荣一生前口述，其门生整理而成。荣一长寿，享年91岁。本书所记，是自其出生至33岁之间的事情。

荣一于1840年生于日本埼玉县深谷市血洗岛村的豪农家庭，除种田之外，还跟随父亲处理家业：制造蓼蓝，从事行商，因此养成商业才能。青年时代，满腔热血，投身讨幕攘夷运动，而后离乡，远赴京都，仕于末代将军德川庆喜。又随庆喜之弟昭武赴欧，以巴黎为据，游历各国。至大政奉还之时归国，受明治政府之邀，出任大藏省改正挂（负责推进大藏省内部改革的部门，旨在提高政策制定的能力）长官。1873年辞官，设立日本第一国立银行，参与了约500家公司的创立，支援了约600种教育、社会福利方面的公共事业的建设

（见本书附录二）。从其履历之中可以看出，荣一一生之中，涉猎农业、商业、行政、财政、金融、实业、教育、社会福利等多领域的事业，在每一领域都取得了赫赫实绩。

荣一实绩众多，被称为"近代日本资本主义之父"实至名归。这一称号之中有"近代日本"一词，是因为荣一在明治新政府及实业界中，利用自身在西洋社会中的见闻，学习当时先进的制度和技术，结合日本的实际情况，设计了会计、金融和公司制度，完善了制丝、制纸、交通、能源等社会基础领域，堪称社会先驱。荣一幼时熟习儒学与汉文，倡导"义利合一"，重视"生产殖利"与"仁义道德"一致的教育与慈善事业，即提倡儒教资本主义。荣一所提倡的，不是三井或三菱等大财阀所实施的、伴随着积极的对外扩张的垄断资本主义，而是要摸索出一条由"合本组织"（即股份公司）所引导的，通过业界融合走和平路线的、共存并共同发展的资本主义发展之路。

荣一所处的时代，正值鸦片战争到九一八事变时期。这一时期，中国国难当头，正值危急存亡之秋。中国的出版界对于荣一的介绍，多在于《论语与算盘》，此书中译本繁多，也是了解荣一所提倡的儒教资本主义的绝好素材。然而，《论语与算盘》于 1927 年出版，是荣一晚年的作品。以往学界对荣一的研究，多着眼于荣一参与日本财界进入中国市场的事实及对此的评价，或者将荣一与中国民国时期殖产兴业的先驱——张謇进行比较研究。

在中国，无论是读者群体还是学术界，对荣一辞官创办银行前的前半生，即日本资本主义的黎明期的了解都一直处于空白状态。公益财团法人涩泽荣一纪念基金会对荣一的相关资料进行了最为充分的收集、展示和研究，由涩泽青渊纪念财团龙门社编纂的编年体《涩泽荣一传记资料》正篇全 58 卷、别卷全 10 卷正是其成果之一。《雨夜谭》相当于三篇正篇中的第一篇《在乡及仕官的时代》的全三卷。顺带一提，第二篇是《指导实业界与支持社会公共事业的时代》，第三篇是《为社会公共事业鞠躬尽瘁与成为实业界后援的时代》。可以说，迄今为止中国学术界的关注点主要集中在第二篇中的时期。

另一方面，眼下日本正处于空前的荣一热潮之中。引发热潮的主要原因是，自 2024 年起，面额最大的日元纸币，即 1 万日元纸币上的福泽谕吉像将被涩泽荣一像所代替。体现此热潮的现象之一，是 NHK 电视台已于 2021 年 2 月 14 日起播放以荣一为主人公的 40 集大河剧①《冲上青天》，该剧已于同年末播映完成。顺便一提，电视剧的 1 至 30 集和《雨夜谭》一样，讲述的是荣一 33 岁辞官下野前的经历。此外，在日本，几乎每天都有以荣一为题材的新闻报道，相关杂志特集和出版物的出版发行不胜枚举。

而从宏观的层面看，全球金融资本主义正运用支持金融科技、大数据算法处理的通信技术，促使巨型企业进一步扩张、富人的财富进一步累积。而对全球金融资本主义的质疑正是荣一热潮的背景。再把目光转向日本国内，在贫富差距不断扩大、百姓感受不到生活富庶的情况下，希望改变政治和经济体系，实现财富再分配和保障社会福利的呼声越来越高。近代日本的资本主义没有按照荣一设计的方针发展，而是在荣一的竞争对手——大财阀三井、三菱的影响下，通过专制主义的经营方式，勾结政界与军部，进而盘剥人民、对外扩张，走上了垄断资本主义的道路。如今，荣一通过"义利合一"谋求"国利民福"的资本主义之路再次受到瞩目。

《雨夜谭》共有 5 卷。各卷梗概如下。

卷一：天保十一年（1840 年）2 月，荣一出生于今埼玉县深谷市血洗岛。由于涩泽家世代都是农民，荣一

①　大河剧：即长篇历史电视连续剧。源于日本，原为日本 NHK 电视台自 1963 年起每年制作一档的连续剧的系列名称。——编者

在耕田、养蚕、批发染料等家业上勤勤恳恳，锻炼了经商之才。荣一在表兄尾高惇忠处学习四书五经等汉籍，也好读稗官野史。荣一遭到当地代官蛮横欺压，深感德川的暴政与封建的弊端，但在当时的门阀制度和身份社会下，他无可奈何。此后，随着佩里率领的黑船抵达日本，荣一萌生了攘夷的念头。荣一在江户游学，参与慷慨忧世的讨论，并燃起讨幕攘夷之热情，他曾与同志们密谋火烧横滨城，将外国人尽数斩杀。回到家乡后，荣一向父亲提出自己要放弃继承权前往江户，得到了父亲的同意。就在荣一准备行动时，他在京都的表兄尾高长七郎说服他放弃发起无谓的暴动，于是荣一前往尊王派志士聚集的京都。

卷二、卷三：在京都，荣一成为一桥家的家臣平冈圆四郎的食客，而一桥家是德川家的近亲。元治元年（1864年），他在平冈的举荐下成为一桥庆喜的侍从。不久，庆喜成为征夷大将军，荣一立下了充实一桥家财政的功劳。其间荣一奉命出征攘夷派所在的长州，他虽不情愿，却仍然表现英勇，获得了表彰。此后庆喜之弟昭武被派往巴黎参加万国博览会，荣一奉命随行，于庆应三年（1867年）从横滨乘船前往法国。荣一随昭武周游了瑞士、荷兰、比利时。荣一留洋期间，明治维新爆发，昭武继续留学，荣一后随昭武一同回国。在将近

两年的时间里，荣一见识到了欧洲的最新情况。

卷四、卷五：荣一回国后奉庆喜之命在静冈藩仕官，成为新设商法会所的主管。荣一的功劳主要在开办新事业上。在大隈重信的劝说下，荣一曾出任明治政府民部省、大藏省的官员。荣一致力于殖产兴业，在改革币制、税制，以及铁路铺设、缫丝业和造纸业等领域鞠躬尽瘁，又在创立国立银行方面立下了汗马功劳。但由于出仕并非自己的本意，再加上明治政府不采纳自己的主张，荣一提出辞呈，离开了政坛。

卷三的留洋经历是本书的一个高潮部分。但在本书中，这段经历的相关记载并不多，因为涩泽荣一已经和同行的杉浦让在《航西日记》中对此进行了详细叙述。下野之后，荣一主要活跃于实业界，这段经历则记录于本书正文后面。附录部分的"明治维新后经济界的发展"（原载日本国家学会编《国家学会创立20周年纪念明治宪政经济史论》，有斐阁书房，1919年于日本发行）是荣一撰写的论文，文中收录了他推行的货币制度、政府债券以及他建立的第一国立银行、各行业的企业的相关详细统计资料，概述了各项事业的发展过程。该部分有助于读者追寻荣一后半生作为实业家的足迹。

以往，幕末维新史的主角往往只有萨摩（今鹿儿岛县）、长州（今山口县）、土佐（今高知县）、肥前

（今佐贺县）四藩的武士。本书生动刻画了一个志在建设新的近代国家、构建万民幸福的社会，经历了幕末维新的日本人的生活方式。荣一出生在一个与幕末维新志士几无关联的地方农村，是个很有商业头脑的农民。他受到水户学的强烈影响，决心舍命、以恐怖的方式讨伐幕府，而后又毫不犹豫地转向尊王开国。他虽是农民出身，但也有厌恶封建门阀、破除迷信的合理想法，虽然痛恨世禄世官导致的德川幕府的积弊，但又出仕幕府。到新政府为官后，荣一不执着于仕途，也无意于晋升、敛财，主动下野。他见识了西方的近代社会，深感日本开国十分重要，进而积极地吸收了西方先进的系统和技术，如引进近代银行制度。他希望破除官尊民卑的风气，让从前对统治阶级阳奉阴违的商人具备商业道德，建设和国家合力推进社会事业发展的实业界。荣一让农、工、商各级民众接触到了在封建时代专属于武士阶级的、以儒学为中心的学问。荣一头脑灵活，有进取心和适应现实的能力、实学才能，有着在以往的幕末维新人物传记中难以得见的新观点。

　　本书由荣一口述、门生记录，用当时的口语写就。不过，原文绝非易懂的日语，其中有汉文体和拟古文体的残留，有度量衡、官名等专业术语，包含了大量难以直译的表达。另外，荣一的学识基础是通过汉文教育习得的儒学学问，所以书中有不少来源于中国的典故，较易翻译。本书的翻译是我在教授北京大学 2019 级硕士课程"日汉笔译案例分析"时主持的项目，历时 2 个学期。翻译组为再现原文风格，采用了文白夹杂的语言，对照前述的《涩泽荣一传记资料》进行考证，避免误解造成的误译。

在过去的 10 年里，中国实现了国内生产总值倍增，取得了脱贫攻坚战的胜利。在 2021 年，中国建成了全面小康社会，人均国内生产总值超 1 万美元。改革开放 40 余年来，中国通过"先富带动后富"的"先富论"实现了经济的高速发展。今后，全体中国人民仍将坚定不移地走共同富裕之路，为贫者托底、关注民生福利、巩固经济发展基础、实现稳健发展仍是中国社会发展的重要目标。荣一提倡经济道德合一的、健康的企业经营方式，有意以官民合力的方式推进教育事业、社会福利事业。希望荣一的"经世济民"观念、实践能对中国的社会建设有一定的参考价值。

近代日本实行富国强兵政策，因此财阀与国家政权勾连，国家垄断资本主义逐渐膨胀，同时，日本的对外侵略及领土扩张政策使军国主义甚嚣尘上。这一理解作为一种历史结果论应当是不错的。然而，日本历史上还有着各种各样不同的观点。比如，内村鉴三就日俄战争一事表示反对战争，吉野作造公正地评价了五四运动，石桥湛山站在"小日本主义"的立场主张放弃殖民地。而涩泽荣一正是屹立在他们的思想源头的人物。我十分希望荣一的生涯、事业能在中国获得新的关注。

马场公彦
北京大学外国语学院外籍专家
原岩波书店总编辑
2021 年 12 月

前言

觉短则未及须臾，思长则漫余千秋，实乃人之一生矣。然人生苦短之论，漫长之感，均非全在所历年岁之多寡。人所更事有多寡之分，故人生长短之感各异。至若余之生涯，昔岁于乡里扶犁负篑，遇淫雨则恐麦多病，逢久晴又叹田水枯，然因叹时局纷乱，纵不才，亦以天下为己任，故出草庵，远赴西都，不意得一桥公①相召，而过三载。此公袭征夷大将军之职，余受命任其弟德川民部公子②扈从，随赴泰西。于庆应三年正月去国，乃遍历英法荷意比。是年冬，公子拟留学法国，然适逢故国政变，志不得遂，徒然归国，时明治元年冬。如飞鸟川深浅无定，人世间亦变幻无常，故抚今追昔，

---

① 一桥公：德川庆喜，末代幕府将军。1847 年出继一桥德川家，故又名一桥庆喜。——译者
② 德川民部公子：德川昭武，德川庆喜之弟，末代水户藩主。——编者

1

欲往公幽居之骏河国①，虽非故土，愿侍公侧，了此残生。然，二年冬，应辟上京，入朝四载。因登仕官府非余本意，故于六年夏请辞，至今。尔后虽历廿载有余，然感维新前后五至七载尤长。余之境遇随世事变迁，如故乡所饲之蚕，自卵中孵出，经四度眠餐，复又归于卵中。虽谓之偶然，亦足见余志。非余有胜人之才，唯至此经年，持真心，历万事，故如一信抵万军之古谚，遇事不觉有难，持业未尝大败。回溯旧迹，既无可喜可贺之时，然有俯仰无愧之得。回首卅载种种，虽亦梦亦真，虚实难辨，然身所更事历历在目，欲忘难忘。因而先日随亲族之请，言说昔日往事，聊慰雨夜寂然，令旁笔录。不觉间余见所记渐增，故感已历千秋，遂名之雨夜谭，辑录成册。然此册仅略记余半生所历，本非为世人所作。余没后，若亲族后世有览者珍之重之，则余夙愿可偿。

冰心一片留书册，望做遗物多珍重。

明治廿七年十二月　青渊老人②记

---

① 骏河国：今日本静冈县。——译者
② 青渊老人：涩泽荣一号青渊，此号由尾高惇忠，即教授荣一学问的表兄所起。原因是荣一的家位于河流深水处（渊）附近，有"渊上小屋"之称。——译者

目录

卷　一

青渊先生口述　门生笔记

今晚就按照先前约定，谈一谈我迄今为止的亲身经历。然而，我已经走过了四十七年半的岁月，其间世事种种变迁，我也随世事发生了种种变化，因此，如果桩桩件件细说过来，恐怕话长，而且当中有些事趣味甚少，惹人困顿。但我开讲是出于一种关切，即希望各位听众听后或斗志得以激发，或忍耐力得以强化，或心生勇气，抑或谨慎恭肃之念得以保持，至少有一处获益。因此，希望各位不嫌话长，而且不止于一听了事，而是记取于心。

我的少年时代

出生地及父母

这便谈谈我的亲身经历。要详细叙述的话，无论如何也得从我生命的最开端说起。而这个"最开端"，就必须从我的生身父母出发，简要谈一谈。其实我父亲并非祖父亲子，继承祖父血脉的是我母亲。也就是说，我父亲是过继到家里做养子，后来做女婿的。父亲的生身之家是同村的涩泽宗助（号宗休居士）家，父亲是宗休居士的第三个儿子。再说我父亲的性格，就像《孟子》中的北宫黝一样，不受于褐宽博，亦不受于万乘之君。他为人正派，严肃正直。他生性寸步不让，即便是小事也认真拘谨。另外，虽然父亲一生并非破万卷的博学之士，但也熟读四书五经，还会作汉诗、俳谐，是个风雅之人。而且，父亲性格严肃正直，但对人则是极其乐善好施，极好助人。而且，父亲平日厉行节约，专心家业，是个意志非常坚定的人。

幼年阅读

我大概是六岁时开始读书。起初，父亲教我句读，我从《大学》读到《中庸》，再到读完《论语》前两篇。之后，我七八岁时师从现居盛冈的尾高惇忠先生。先生的家在离我家七八町①以外的手计村。尾高先生自小博览群书，天资极佳，是个在乡间被尊为杰出先生的人物。尤其因为尾高先生和我家沾点亲，所以父亲跟我

---

① 町：日本的距离单位。1 町约为 109.09 米。——译者

说："往后我就不教你读书了，去手计村，到尾高那儿学去吧。"此后，我每天早上去尾高先生家里上学，读上一个半小时到两小时的书再回家。

不过，那时在先生家里读书没有像现在学校里那样反复细细吟诵。我记得在那里读了各种各样的书籍——《小学》《蒙求》、四书五经、《文选》《左传》《史记》《汉书》《十八史略》《元明史略》，还有《国史略》《日本史》《日本外史》《日本政记》，另外还有两三种诸子经典。读这些书时，尾高先生教句读的方法是独创的，他让我在初学时不要一字一句背诵，而是让我通读大量书籍，让书籍自然发挥作用，任由我独自思考，明白这样那样的文意、道理。往后四五年里，我只专心阅读，到了十一二岁的时候，多少也品出了书的趣味来。并不是说我从经书、史书和诸子经典这些大部头里找到了乐趣，只是喜欢读一些我觉得有趣的书，比如《通俗三国志》《里见八犬传》《俊宽岛物语》这些稗官野史。我和尾高先生谈到此事，他说，这样就最好了，要想读书有动力，先涉猎易懂的书籍是最好的。反正就算四书五经烂熟于心，要把读到的化为己物，为己所用，也得等年岁渐增，处世历事。现在虽然体会到的只是《通俗三国志》《里见八犬传》这类书的乐趣，但只要静心阅读，所读的书就不会白费，然后慢慢就能读懂

《日本外史》，连从《十八史略》《史记》《汉书》里也能读到趣味，所以尽量多地阅读是好的。因此，我更喜欢阅读了，还读了兵书、小说之类的。不过，要说我极爱阅读的证据，要数十二岁那年，我还记得是在正月里，我在拜年路上边看书边走路，结果不小心掉进沟里了，把过年穿的新衣裳弄得脏兮兮的，挨了母亲一顿臭骂。

日渐志从农商

此后时光，我便日日读书练字，修习刀剑，直到十四五岁。如前所述，父亲对家业严肃认真，所以到了我十四五岁的光景，他嘱托我说："须在农事和买卖上用心，如若还是稚儿一般，则令人担忧。往后要分出时间来着手家业。你虽读书，应无修成儒学大家的心思，所以只须粗通文意。当然，你如今于学业上还未十分精湛，但只消徐徐用心，不疏懒懈怠，也不至于学无所得。要是还像过往一般昼夜埋头读书，则惹人为难，若无心农事买卖，则于一家无益。"

父亲所说的农事，就是种麦子、植蓼蓝和养蚕，而买卖，则是把从别处购入的和自家种植的蓼蓝制成蓝靛，送往信州、上州和秩父一带的染坊，过后慢慢结账，也就是俗话说的赊销。我十四岁时，即嘉永六年癸丑，由于关东大旱，蓼蓝头耕歉收。所幸二耕丰收，父亲因此嘱咐道："今年二耕蓼蓝丰收，我欲尽量采购，但因为要往信州、上州走访染坊，无法亲自前去，但务必成此买卖。父亲（父亲的养父、我的祖父敬林居士）您年事已高，不便操持家事，唯今年采购蓼蓝一事，劳您坐镇，多多费心。而荣次郎（我的小名）虽未成人，但将来要修学商业，就随祖父去买卖谈判，旁观学习。"细细交代看家诸事后，父亲便启程了。

听罢父亲的话，我暗自思忖，我并非辨不了那蓼蓝的优劣，那就趁父亲离家好好采购。正当我踌躇满志，购入蓼蓝的时节到了。于是，我头一天便随祖父往矢岛村完成了一两家的采购。那时，我心生异念，想到父亲有蓼蓝鉴定家之称，随父亲出行于面子无碍，然而跟着年迈糊涂的祖父，则惹人嘲笑，故欲独自购买蓼蓝。祖父听我要往横濑村去，甚是诧异，说道："你孤身前去，恐买卖难为。"我回他："确实，我一人前去买卖难成，但我实在是想四处看看再回去。"于是，祖父予我些许银两，我把它们放进钱兜子，又把钱兜子从衣服腋下开口系到腰上。别过祖父后，我从横濑村走到新野村，虽扬言自己是来买蓼蓝的，但我只是个梳着鸢口髻的孩童，自然不得人重视信赖。然而此前我曾几度随父亲出行，旁观采买。父亲如医生诊病一般评说蓼蓝，这

样的施肥少，那样的所施肥料并非油糟，或是日晒不良
不可用，草茎切割方法不佳，下方草叶枯萎云云，我耳
濡目染，拾人牙慧不足为道，待我一一分辨后，人人皆
大为惊异，视我如神童到临，反而以我为珍客。因此，
仅于新野村，我就买了统共二十一家的蓼蓝。采买时，
我或言卖家蓼蓝施肥不佳，或因卖家施肥非用真正油糟
而拒买，村民们或附和认同，或惊叹不已，对我大加赞
许。次日，我去了横濑村及宫户村，再次日，我又到了
大冢岛和内岛一带。祖父见我到处采购，提出要与我同
行。我拒绝后，以一己之力采购了那年大半的蓼蓝。不
久，父亲出游归来，见我所购蓼蓝，对结果颇为赞许。
父亲向来极重农事及蓼蓝买卖，沥尽心血，因此，我也
自十六七岁起，与父亲一同致力于此，成为父亲此业的
助力。

父训难忘

此外，谈及父亲秉性极其严肃正直，有一事为证。
我十五岁（安政元年）时，曾和同姓叔父保右卫门去
江户（我记得初次去江户是在十四岁那年的三月，但
彼时是随父亲出行），买回了书箱及砚台盒。我以当时
家中砚台盒过于粗制滥造为由，央父亲允我去江户新置
办一个。父亲应允后，我到江户小传马町有门窗业营生

的地方买了一套桐木的书箱及一个桐木的砚台盒。这两样物件我记不大清，约莫只花一两二分就买下了。回家后，我虽事先提及所买的两样为何，然随后货物到家，见那桐木工艺的新用具，比起往昔家中所用色已漆黑、恰如自家厨房处炭笼的杉木板制品大有不同，华美夺目，父亲大惊，怒形于色，哀叹若家中如此，则难保平安稳定，又叹家有不肖之子。我记得虽无棍棒敲打等粗鲁之事，但往后三四日内，父亲教训我时语气失望至极。

　　我思来想去，为何因此种鸡毛蒜皮之事被谴责至此，想来是因父亲心中认为，如此任意行事之人，多有肆意妄为之忧。正如古籍亦有载："纣为象箸而箕子怖，以为象箸必不盛羹于土铏，则必犀玉之杯；玉杯象箸必不盛菽藿，则必旄、象、豹胎；旄、象、豹胎必不衣短褐而舍茅茨之下，则必锦衣九重、高台广室也。称此以求，则天下不足矣。"①（大意为：箕子得知纣王制了象牙筷子，叹纣王或铺张浪费无度）一物虽微，初念常由此生，若不谨慎，则落入无法转圜之地，这种事自古以来并不罕见。如今我购买华丽的砚台盒和书箱，随后便会不满于住宅或书房，事事变本加厉，往后就无

---

① 出自《韩非子·喻老》。——编者

法固守农家。父亲为了防微杜渐，所以那般严厉地斥责我。经此一事，可知父亲方正严直。然而我受谴责时，心中认为父亲严格过分，慈爱不足。现在看来，是我对父亲有所误解。

破除迷信

我有姊一人，阿姊有疾，父母及我十分担忧苦恼。有段时日（安政二年），亲戚劝父亲说，阿姊的病是因家中有邪祟，应去求神护佑，父亲听了劝说，带着阿姊移居别地疗养，去了上野的室田。室田那地方，有处知名的大瀑布。而我留在家中时，家里为辟邪请来了远加美讲①做祈祷仪式。有修行者二三人到家中来，准备就绪后，又须有当中坐的人，故让最近雇来的厨娘担此任。然后在室内绑起注连绳，供起币束，庄重地摆起装饰。中坐的女人蒙眼，手执币束端坐着，在她面前，修行者唱诵各种咒文，在场的众多信徒异口同声地高声唱诵远加美经文。此时，只见起初仿佛沉睡的中坐女人，不觉间开始大力挥动手中的币束，修行者立刻取下中坐的蒙眼之物，对中坐躬身俯首，问是何方神圣降临，愿听取神谕，又恳请神明告知，这户病人是因何种邪祟。

---

① 远美加讲：指禊教，日本神道教教派之一，倡导诵念大祓之词、修行即可到达安心立命的境界。——译者

中坐的厨娘神情严肃，语气蛮横地断言称，此家中有金神和井神，又有无缘死灵，正是它们在作祟。众人听了此话，尤其是起初劝我们求神拜佛的宗助的母亲，一副正中下怀的样子说："你们看，神谕是确实有的。之前听老人说过，此家中有人去参拜伊势神宫，结果一去不返，必是病死于途中。如今神谕说有无缘死灵在作祟，想来那死灵便是老人所说的人。神明明示，真是难得。"而后又问中坐如何驱除邪祟。中坐称应修祠供奉。我起初称这种事不做为好，然我年幼，意见未被听取。祈祷仪式进行时，我一直观察，想要找出可疑之处，想来那无缘死灵身上有迹可循，便问："那无缘死灵出现大约是在几年以前？修祠也好，立碑也罢，不知时间就难办了。"修行者便问中坐厨娘，中坐厨娘称那是五六十年前的事。我又问五六十年前是什么年间，她答道是天保三年。然而天保三年距今二十三年。我质问修行者说："您听到了吧，清楚无缘死灵有无的神明岂会不知年号。若有这种差错，则不可信。通灵异之事的神明应清楚年号，然这神明连简单的年号都弄错，到底是不足为信的。"宗助的母亲听了，插话称我说此话会遭神明责罚，打断了我的话。不过，我说的是谁人都明白的道理，在场的人自然扫兴，都盯着修行者看。修行者像是脸上挂不住，便支吾搪塞称那是野狐上身。既然是野狐所言，就更不需要做修祠供奉之事了，最后便什么神事也没有做。修行者一行瞪着我，仿佛要说"你这坏事的小孩"。

遭代官痛骂　意欲奋起

正如前文所述，我自十六七岁起，常常勤于家业，因而家道日益兴隆。更因父亲向来重视家业，沥尽心血，我家便名正言顺地成了村中富户。远近乡邻都称我们村中宗助为首富，其次则是市郎右卫门（荣一之父）。除了做买卖，我家还干起了典当放贷的营生。原本，这血洗岛①的领主姓安部，是任摄津守的小大名，他的公馆就设在冈部村，离我们村只有一里之隔，我们一直奉命向这位领主上缴财物。他本就是个小大名，不曾征借大量银钱，只有在其千金出阁、公子加元服，进京朝觐将军或祭祖时会按比例命武州缴二千两，参州缴五百两。如此摊派下来，在血洗岛村，宗助应缴一千两，市郎右卫门应缴五百两，某家又须缴五百两。然而在我十六七岁之前，我们村筹措的银钱连年超过二千两。犹记我十七岁那年，领主命血洗岛村上缴银钱一千两至一千五百两，宗助认缴一千两，我家也须认缴五百两。当时，父亲不便亲自前往代官所，便由我代劳。我

---

① 血洗岛：日本地名，荣一的出生地。——编者

10

同邻村受命缴钱的两人一起，三人偕同应召往冈部的公馆去了。当时任代官的人名叫若森。我面见他后，言明自己是替父亲前来听命的，而同行的两人都是一家之主，他们都称已知御用金之事，便领了命令。然而我只是说："家父只吩咐在下代他了解命令大意，在下虽知应缴金额，但还是要先转告家父，再来领命。"代官其人，滑不留手，又喜轻侮他人。他半嘲讽地问："你小子几岁了？"我回他："在下十七岁了。"他便逼迫我道："既是十七岁，应该会召妓了，该明白三五百两算不得什么钱。这些钱用来缴御用金，可提高身份，又能得好名声，何须转告令尊？以令尊家产，五百两不值一提。你一去一回，行事缓慢，本官可不允。万一令尊不允诺，则又要本官费口舌，你还是快快领命吧。"我又说："在下只是按父亲吩咐前来听命的，还请大人见谅，在下无法当即从命，须知悉详情后，归家回禀家父，家父应允，再来复命。"那代官听后道："岂有此理，你这小子好不识趣。"对我大加叱责嘲讽。然而我还是恳求归家，便离开了冈部代官所。归家途中，我细细思量，自此生出幕府理政不善之感。

究其缘由，人各守财产，乃天经地义，此外，世上人际往来之间，有智愚贤不肖之分，故生尊卑之别。故贤者受人尊敬，庸人遭人轻蔑乃是必然。此理至明，即便是微贱之人，只消有些许智力也能领悟。然而那冈部领主，按律收取年贡，还巧立名目，以御用金之名有借无还。此外又轻侮嘲弄他人，催债般命人上贡，实在岂有此理。再看他那代官，那般言行举止，想来绝非有识之士。这等小人还轻侮他人，可见官位世袭罔替的德川政权积弊极深。念及此处，我又再深思，若我来日仍为农民，则不得不如他们一般，以蝼蚁之姿，无智愚之别，受人轻视，生万般愤恨。因此，我欲脱农籍，此话虽荒谬非常，然而我至今仍清晰记得，我是在从代官所归家途中，自问自答时生出的念头。回家后，我和父亲说代官恣意妄言、横加斥责，我如何如何应对。父亲说，有道是"哭儿和庄头，道理讲不通"，答应即可。我记得次日我拿着钱又去了一趟代官所，此后随着接触世事，不愿再做农民的念头越来越萦绕在我的心间。

立 志 出 乡 关

不坠青云之志

当时，世道日渐不稳，嘉永六年癸丑，美军水师提督佩里率军舰四艘叩关，后又到伊豆下田，向幕府要求缔结友好通商条约。其时老中首座伊势守阿部正宏等人自觉无能为力，便强求被勒令幽居的水户烈公出山议政。此番骚乱一起，京都自不必说，诸藩皆开始热议时政，有主张议和的，也有主张攘夷的，恰似现今甚嚣尘上的民权论之争。处处可见人们三五成群争论不休："那伊势守怎么搞的，会怎么答复佩里呢？""到头来还是会开战吧！""打什么！幕府那软骨头，能打吗？""但要是不打，就必须听佩里的，就得开港了！""要真开港通商，京都又待如何？今上定不会敕许！"如此云云。

如前所述，我觉得安于农籍实乃不智，时局动荡之中，此念愈发强烈。我思及平素读的《日本外史》《十八史略》之中汉高祖龙兴于沛，其后君临天下；太阁丰臣秀吉原是尾州一介农民；德川家康出于三河一小大名之身。正如大田锦城《梧窗漫笔》一书所论，我亦生出千古英雄豪杰皆为吾友之感。但那不过是我十七至二十岁两三年间的心路历程。毕竟父亲往往只于家业上督促我，告诫我一心读书于家业并无益处。因此，我便专心打理家业，每年大抵负责四回蓼蓝收购，奔波于信州、上州与秩父三地间，不得闲暇。

我接手的都是些买卖上的零碎小事，但自然而然，我也体悟到其中蕴含着商业策略，颇感兴味。如此，我心中农商乃愚者所为的观念虽未完全消失，可出于对事业的渴念，我立下志向，要顺利发展家业，制出不输阿州名产的一等蓝靛。为此，我曾率先奖励业内蓼蓝农户。某年，我从邻村多户人家手中购入蓼蓝，并款待这些种植者，仿照相扑力士等级榜制出排名，据蓼蓝质量优劣排设席位，让种出最佳蓼蓝的人坐最上座，还设宴款待多人，勉励他们来年种出更好的蓼蓝。

一时间，我虽勤于家业，无奈随后天下日渐纷乱，攘夷之圣意已决，水户烈公也持攘夷论，长州与萨摩两藩亦然。然幕府多行因循守旧之事，此间必生冲突破裂。当时持那般政见的书生中，有如今仍然健在的萨摩藩中井弘、听闻于数年前故去的长州藩多贺屋勇、身死山崎一战①的宇都宫藩广田精一与户田六郎。他们自那时起先后走上文学道路，作诗论文，谈说时政。每每听了他们的话，我心中幕府之政已然衰颓之感愈发强烈。

求学江户

我的蒙师尾高惇忠有一弟，名唤长七郎，长我两岁，身材魁梧，孔武有力，且于剑术一事得非凡之妙，是剑术名家。他早先便离家前往江户，偶尔会从江户邀来书生友人，在家中高谈阔论，发表激昂忧世之语。然即便不识得他，我心中也早有成算。二十二岁（文久元年）

---

① 山崎一战：即起于元治元年（1864 年）的禁门之变，亦称蛤御门之变。交战双方曾于天王山山崎决战。——译者

时，我决心不再安于田舍郎之身。彼时，长七郎居于下谷练塀小路的儒者海保的私塾中，往返于海保塾与刀剑修习所之间。我便想借他之便前往江户。然而，父亲对我颇多斥责，严厉训斥我称，倘若我舍弃买卖，专念读书而忽视家业，则令人困扰，若我作那般打算，父亲则安心不得。我向父亲言明道："我本无意长居江户，只想于初春农闲之时稍稍读书。"固请之下，终得父亲答允，便到江户二月有余，进了儒者海保章之助塾中。我去江户，是因当时并非可以安于农籍的时代，也是我十七岁时萌发之念日渐增强的结果。彼时，世间名士频出，我欲广交天下志士，听其高论，一睹天下全貌之志愈发热烈。这等思虑看似周密，实则出于我日渐高涨的投机心理。

进入海保塾两三日后，我曾奉先生命讲释《孟子》，遭到众书生嘲笑，我面颊羞红，两胁生汗。且我还曾违反塾规，遭先生训斥。然我来此本非为博览群书、精进剑术，而是为结交天下有志之士，引有才干之人为友。坦言之，我那时的举动肖似由井正雪①谋反时的所作所为。此间天下越发动荡不安，种种事情，皆载

----

① 由井正雪：又称由比正雪，江户初期兵学者。曾于江户开办楠木派兵法学塾，门下武士、浪人众多。1651年，借三代将军家光逝世之机，聚集浪人起兵欲推翻幕府，后计划泄漏，在幕兵包围下切腹自尽，史称庆安事件。——译者

于近来的史书中，个中详情，一读便知，我便不赘述了。如此，我于海保塾学习直至同年五月，其间，我广交书生，又前往御玉之池的剑术家千叶的塾中，以求结交剑客。究其原因，如我之前所述，书生与剑客之中自有非凡人物，我欲结交其中佼佼者，以备他日之用。

送"斥候"入京都

思虑一事本就有疏有密。我既以忧国志士自居，以天下为己任，则一切思虑皆付诸经国大事，于农商之事未免不能专精。父亲生性严直，必不会坐视不理，便数次训斥我。然当时我已二十二三岁，见过几分世面，犹因我与汉学书生交往，议论国是，故父亲虽心中不悦，却也未像训斥小儿那般，让我勿做蠢事，但确是忧心不已。父母思子之心，向来至深至切。父亲忧心之余，又喜于我谈论时局不输前来游历的书生。但父亲见我那时举动，恐我离家在外，生出些令他担忧的事来。如今回首，才觉自我二十二岁春到江户求学，直至二十四岁冬往京都游历，此间父亲定是痛心担忧。如此想来，我实乃不孝之子，心中后悔不迭。

文久二年，我二十三岁。是年正月十五，对马守安藤信正登城拜谒将军时遭河野显三等人伏击于坂下门外。大桥讷庵（正顺）受累被捕，尾高长七郎亦成嫌犯。当时，因长七郎身居乡野，故我在乡间也听闻官府要抓捕他。然长七郎却不知此事，要往江户去。彼时，得知他已启程，我担心不已。当夜十时许，我匆匆离家，到四里①开外的熊谷驿站赶上长七郎，劝阻他说："大哥看来有所不知，就连不在现场的儿岛恭助也被捕了，便是这乡下也危险万分。但大哥以嫌犯之身去江户则太过鲁莽，无异于自寻死路。现在掉转方向，尽快经信州路到京都去避避风头才是上策。"我之所以当即劝他去京都，是想让他顺道探探京都的形势。往细了说，彼时京都建了学习院，三条内大臣任院长，有来自各藩的御寄人②聚集在那热议国是。我虽不曾识得京都那些有志之士，也不曾见过那般热议，但我知京都是攘夷论大本营，各藩的志士云集于京都，高谈阔论，故我须知悉京都的实际情况。因此，我劝长七郎去京都以避幕府追捕。

策划举事

文久三年癸亥，我二十四岁。是年春，我再次前往江户，到海保塾和千叶塾中学习。彼时，我在四个月里时常往返于家乡与江户之间，其间思虑渐深，最终生出

---

① 里：日本距离单位。此处 1 里为 3.6~4.2 千米。——译者
② 御寄人：平安时代以后，配属于朝廷记录所、和歌所或幕府的政所、问注所、侍所的职员名称，担任庶务、执笔工作。——译者

举事之念。我欲举事，是因当时朝廷已下旨坚持攘夷、拒不开港，但幕府仍因循守旧、抗旨不遵，有违"戎狄是膺，荆舒是惩"的古训，有辱征夷将军之职。幕府那般做派，一时令我国因洋夷受辱。万一幕府日后签下如同城下之盟的通商条约，更是使国体有失。纵使要与洋夷亲善，若不对战较量一番，又何谈亲善。当时，我抱有鲁莽野蛮的念头，心想，夷有坚船利炮，我亦有以日本精神锻铸之锐刀，何不举刀大杀四方？现在想来，实在是贻笑大方。但当时我一心攘夷，而幕府无能，又觉德川政府摇摇欲坠。我那样推想，是因官职世袭罔替积弊之下，幕府已腐败透顶，智愚贤不肖者地位颠倒。显然，社会士气不振，人心涣散。若不在此际掀起轩然大波，令天下震动，涤荡幕府腐败，则无法扭转国力衰退之势。我等虽为农民，身份低微，但忝为日本国民，便不可因事不关己而袖手旁观。虽难成尽善之事，然我自忖可以杀敌提振士气，以促成天下变局。此即我欲起举事之要因。然仅凭二三人杀入外国人中，也不过如生麦事件①一般，以我方赔款收场，壮志难酬。

① 生麦事件：1862 年，在日本神奈川县生麦村附近，萨摩藩的岛津久光一行以骑马的英国人无礼为由，斩杀 1 名英国人，使 2 名英国人负伤。英国方面要求赔偿，幕府答应但萨摩藩拒绝，由此爆发了萨英战争。——译者

我多番思量、与人相商，谋划让幕府难以为继之大事变。我并非与多人商量，而是和尾高惇忠、涩泽喜作①两人一同密议，最终生出一计。

此即一举火攻横滨，见外国人则逐一斩杀之计。然袭击横滨前，须得占领高崎城、整顿军备。此后再自高崎出兵，借道镰仓，直取横滨，则一路通畅。江户城防再弱，终究有各大名坐镇，取道江户时必会生出种种麻烦事来，故走镰仓干道一法，必是粗暴混乱。若当年依此计行事，恐怕我等已于二十三四年前身首异处。但当时我们满腔热血，认真谋划："此处应当如此""彼处应当如是"。至于兵器，不得铁炮，我们便用刀枪。入春以来，我们已暗中购齐了其他工具。此事九死一生，到底是难成的，我们决心事败便以死了结，又四处买刀，尾高购得五六十把，我购得四五十把。至于甲胄，我们购得锁链串铁皮编织成龟甲形的剑术练功服，又适量买了灯笼等其他必要之物。货款都是我去结算蓼蓝买卖账款时瞒着父亲付的，约莫一百五十六十两。随后，我等各自提着竹枪，挑着高挂灯笼，那扮相，活像昔日的农民武装。

同伴之中，核心成员除了尾高惇忠、尾高长七郎、

---

① 涩泽喜作：涩泽文左卫门的长子，荣一的堂兄。——译者

涩泽喜作与我，还有我在千叶塾结交的密友真田范之助、佐藤继助、竹内练太郎、横川勇太郎，海保塾书生中村三平等人，以及从亲戚侧近中聚集而来的各路人士，约莫六十九人。我等暗中筹措，计划出其不意夜袭高崎，攻占城池。欲起事，必先火攻，火势快时正是进攻良机，我等遂照诸葛孔明借东风一计，暂定于冬至，即文久三年十一月二十三日举事。该因那日恰逢冬至，是一阳来复的大吉之日，取其"阳气发处，金石皆透。精神一到，何事不成"之意。

委婉请父断绝亲缘

约莫八月时，此事已定。时日渐近，我决心向父亲婉转陈志。九月十三日是观后月的日子，乡间惯作赏月之庆。那夜，我便将尾高惇忠和涩泽喜作邀至家中，与父亲一同闲话家常。席间，我向父亲婉言提起愿自由闯荡一事。我本蓄意让父亲将我逐出家门，然身为人子，突然与尊亲断绝关系也实在荒唐。便从世间动荡谈起，"天下终将大乱，届时即是农民也无法安居一隅。须得现在定下方向，抱定处身乱世的决心"。父亲打断我道："你这话有逾本分，乃非分之想。生是农民，就当恪守本分，还是安于农籍为好。且你言说幕府政失，谤讥阁老诸侯失职，明辨事理，分清善恶忠奸，乃是一己之见，倒也无可厚非，但莫要起那越级的非分之念。你谈论时局本无妨，但你要颠倒身份，就大错特错。为父必阻止到底。"我反驳道："儿子明白，父亲所言极是，然父亲平日嗟叹时局，与我无异，容我多问两句，如今武家政事衰颓腐败至此，日本前路未卜。如若日本亡国，我等岂能囿于一介农民之微，袖手旁观？懵懂无知者也便罢了，既知时局，便无法安于本分。形势已然如此，士农工商皆不能独善其身，父亲不必挂怀血洗岛村涩泽一家之存亡，更不必担心我一人之进退。诚然，如父亲所言，恪守本分乃天经地义，然世事有常有变，此间自有差异，不可一概而论。"随后，我们又援引《论语》《孟子》，好一番辩论过后，东方既白。

我并未高声驳斥父亲，只是言之谆谆，直至天明。父亲乃开明之人，天已亮，他便不再多言。他应允我说："好，你不再是我儿，想做什么大可自便。你议论国事已久，颇知时局，你所知之事会招来杀身之祸，还是助你扬名立万，都与我无关。即便熟知形势，我也只作不知，一心种麦，以农民之身了此余生。纵令政府无道，官员无法，我逆来顺受便是。你既无法坐视，那也没办法，今日起我便放你自由，此后你我父子道不同不相为谋，父子各随心意行事，倒也落得清净。"如此，十四日早晨，我终于得了自由身。

当时，我对父亲说："此前我勤于家业，扩大蓝靛买卖，如今既已投身国家大事，于父母不孝至极，到底是无法继承家业，还请父亲速速将我逐出家门，选定养子以继家业。"父亲训诫我道："如今突然断绝关系，恐令旁人怀疑，总之你可先行离家。你离家后，我再宣称已与你断绝关系。养子的事，往后再办也不迟。此后，无论你死于何事，只要不是作奸犯科，都于此家门无碍。万一你获罪被捕，也与家中无关，故亲缘断绝书不急于一时。往后你所做之事，我绝不会横加指点，唯愿你处事多加谨慎，绝不行差踏错，心怀诚意成那仁人义士之事，无论你是死是生，幸或不幸，我也心满意足。"父亲所言，至今仍于耳畔回响，催人落泪。父亲又多次问我到江户到底要做什么，但我严守心中机密。只因若我稍稍透露，父亲必定极力阻止我。因此，我只顾左右而言他，蒙混过关。我委婉与家中断绝了关系，姑且得了父母许可，如此一来便再无牵挂。十一月举事，我须早做准备，还须召集人手，故于九月十四日前往江户，仅逗留一个月左右，又于十月末回到了乡下。

九死一生

起事之日渐近，刀枪甲胄已藏于各处土窑仓库，为起兵时方便取用，另有种种准备要做，我们便在同伴中分配任务，指派张三和李四往某处去，又规定王五和赵六负责某事。此外，又须事先充分勘察地势，我便亲自前往。当然，起事须得摸清京都状况，故我早在九月十四日前往江户时便遣了信使送信到京都长七郎处。我在信中言明所定计策，又请长七郎带几位可用之人来关东。当时，机密信件不可交与寻常信使店，又因情况十万火急，我便令武泽市五郎担此任。十月二十五六日时，尾高长七郎自京都归来。我们详谈此前准备，又商议了此后安排，顺便问起京都形势，可长七郎与我等产生种种分歧，意见相左。

如今看来，彼时长七郎的意见十分合理，而我等实是有勇无谋，长七郎实是我等的救命恩人。十月二十九日夜里，惇忠、长七郎、喜作、中村三平和我五人聚集于手计村的惇忠家二楼商讨是否举事。长七郎主张："此举事一计，大错特错，当今，纠集七十人、百来人的乌合之众无法成事。即便你们依计夺下高崎城，向横滨出兵也是无稽之谈，必定立刻遭幕府或邻近诸藩出兵清剿。此计实在是鲁莽无比，在世人眼里，你们所举之事便如农民暴动那般的鲁莽。实际上，要出兵横滨，攘斥旅居的外国人，非训练有素之军队不可为。各藩及幕府兵力虽弱，到底是人多势众，难以攻破。看那十津川浪士①，智计百出如藤本铁石和松本锐太郎②，也只能攻陷五条代官所，随即被植村藩阻截。他们坐拥逾百兵士，且有中山忠光侍从这般有名的朝臣做盟主，藤本铁石及松本锐太郎（谦三郎）拼死奋战，但天子御驾亲征关东论调风向一变，三条公为首的七名公卿败走长州，联盟溃散，藤本、松本也最终战死。如此看来，我们举事，至多不过如十津川浪士一般。即便我们以此多少提振天下士气，但实是收效甚微，为这些微效果，数十人一同送死，岂不可惜？故我绝不同意。"我反驳道："与十津川之事相较来看，你方才的设想也并非不妥。但我等一时无力召集那样多的兵力，如若徐徐图之再谈举事，则大事遥遥无期，我等必将在不觉间落于人后，最终难成大计。我等不正是自命为陈胜吴广，敢为天下志士之先吗？而今若我等起事，纵令一败涂地，也可激励天下同仁自四方奋起，终

① 十津川浪士：文久二年（1862 年），日本讨幕攘夷的激进派组成"天诛组"，以"天皇御驾亲征"为名，击毙五条城代官，并纠合十津川乡士进攻大和高取城，史称天诛组之变。但文久三年（1863 年）政变后，主张皇室和幕府联手的公武合体派掌控政局，七名尊攘派公卿从京都流亡长州藩，"天诛组"被幕府军剿灭，史称"七卿流亡"。——译者

② 松本锐太郎：松本奎堂（1832—1863），世称松本谦三郎。幕末志士，早年求学于幕府直辖的儒学最高学府昌平黉，又于名古屋、大阪开办私塾。后到京都与藤本铁石等人结交。起事时为"天诛组"头领之一，事变中战死。——译者

令幕府覆灭。即以我等牺牲，提振士气。昔者汉高祖灭
秦平天下时，此等出征祭旗是常有的。以一死掀起倒幕
狂潮，我等便死得其所。倘若事有万一，被幕府所擒，
受缧绁之辱，我等或成狱中之鬼。既已决心一死，成败
便交由天意，无须多议，我必要以死举事。"我激辩一
番，长七郎仍极力劝阻道："便是如此，若我等行此粗
暴之计，万一被当作流寇暴动，你等尽数遭缚首刑戮，
实在遗憾。"我执意不从，坚决依计举事。我与长七郎
彻夜激辩，末了，长七郎称便是杀了我也要阻止此事，
我亦说便是杀了长七郎也要举事，两人辩红了眼，兵刃
相向。然长七郎到底是不同意，苦苦劝阻，我便退一
步，细细思忖，方知长七郎所言甚是，即便草草起事，
也难有善果，仅仅一死了之，在世人眼里与农民暴动无
异，我等之中主事者若遭幕府狱吏折辱，徒然丧命于刑
场，如朝露消逝，悄无声息，不仅初衷未遂，还会在世
间落得个儿戏的恶名。届时更无后起之士，我等当真枉
死。长七郎所言有理。既知此事非缜密筹谋不可，我等
豁然开朗，将此事作罢。既决定作罢，须得速速解散同
伴。给资遣散众人后，我等还须各自打算。彼时，幕府
设八州（关东）取缔一职，专司风闻追捕，恰如今日
刑警。大桥讷庵被捕时，已有刑警前往乡野搜寻牵连之
人。此前，我等亦是稍有不慎，便会身陷囹圄，然彼时

立志起事，我斗志高昂，大有斩杀五六个八州取缔之势，毫不畏惧。然起事中止，顿感危险至极，故与喜作二人决定即刻前往京都，对近邻亲戚宣称到伊势神宫参拜，顺道游览京都，便离了故土，时已十一月八日。此后，我二人于江户逗留四五日，又于十一月十四日离去。

此乃我离开血洗岛村旧家前的经历，不外乎身份变动，由农民之身变为浪人①或书生。而我在得以侍奉一桥公之前也历经千辛万苦，之后于一桥家亦稍稍涉猎政务，然皆为我成为浪人之后所做之事，他日再谈。今夜便到此为止吧。

《雨夜谭》卷一　终

---

① 浪人：指没有当过士官、没有主人的武士。——译者

卷　二

青渊先生口述　门生笔记

今夜接续前晚之谈，继续讲述我此生履历。回首人生种种，犹如蚕自卵出，经四度眠餐，化茧成蝶，又复归于卵。此前廿四五载，我恰巧历经四度变化。上回所述乃由卵成虫，此后便是由虫化茧成蝶，渐生变化，复归于卵的事。今夜要谈的，就是这第二阶段之事。

上回谈到，我生为农民，以耕作为业，却愤于幕府暴政，以为照此状，幕府终将覆灭。即便幕府一息尚存，我也不可坐视不理，任之维持现状。我虽为贱农，亦愿以死起变革暴政之狂潮。如不切实推行开明政治，日本必亡无疑，值此危急关头，怎能因不是自己的职责所在，就对政治闭口不谈？因此我挖空心思，誓要为济世安民粉身碎骨。

立志出乡关

说到这粉身碎骨、济世安民的方法，若走迂回之道，先侍明君，令君听我言、用我策，再位登老中、若年寄（幕府高层职务），参与天下政事，虽顺遂，然难以企及。犹因彼时德川政治官位世袭罔替，门第固化，不论器量才能如何，亦不可改变地位。其余各个职位皆是等级森严。制度使然，一介农民便是才高八斗，勤勉刻苦，莫说天下，就是一国一郡之政亦无法参与。故当今天下，欲显功名，顺道难取，须得反其道而行。一言以蔽之，便是谋划动乱，令天下动荡，除此之外别无他法。若令天下动荡，则幕府倒台、国家大乱，国乱则忠臣现、英雄出，乱世得治。如此看来，大乱方可大治，因而我等便舍得一身剐，奋起促成乱世。

说到引发骚乱之法，便是发起暴乱，先讨一大名，收束其兵力，伺机火攻横滨，引得外邦人率大军前来讨伐日本，则幕府必左支右绌。既已开战，便可静待英雄现世，颠覆德川幕府，取而代之，执掌国政。

如前夜所说，我等定于文久三年，即我二十四岁那年十一月末起事。然十月二十九日尾高长七郎自京都归来，说起大和五条暴动（前述天诛组之变行动之一）的惨状，劝阻我等取消计划。我虽极力反对，但经再三讨论，作出退让，深思熟虑一番，觉得此事确实过于鲁莽。诚如长七郎所言，志气可嘉，可若无法将其彰显于天下，不能表现其万分之一，则被视为流寇暴动，为幕府官差所擒，身受鼎镬之刑，此实非我等所愿。如此看来，中止此计方为上策。既要中止此计，我等该如何安身？我等本是心怀为国牺牲之志离家，岂能安于一隅、悠然度日？徒留故土，日后壮志难酬。且我风闻巡捕即八州取缔已知前事，正计划追捕我等。而策划起事之时，往往极尽谨慎之能事，必不会招致旁人耳目。然中止计划之时，往往无意中走漏风声。这等事例，从古至今，并不罕见。故我等若安居此地，则万分危险。如此，我等必须暂且远游，销声匿迹。至于该往何处去，我等亦作了多番商讨，皆以京都为辇毂之下（皇居之地，天子脚下），诸藩注目，有志之士辐辏云集，前往京都乃是上策。于是我与同姓之喜作一道，决定前往京都。犹记时已十一月二三日，当时，尾高惇忠长我十岁，其父已逝，他乃一家之主，家业万端系于一身，无法与我一同离家，我便与之商量日后诸事，又托他善后。再说长七郎，他本是剑术家，适才自京都归家，想必不愿立刻回京都。故我与他相商，让他留于家乡，教授剑术，伺机缓缓来京。随后，我与喜作于十一月八日离乡，暂居江户，做诸番准备至十三日。又于十四日自江户启程，那日我二人于东海道程之谷驿站住一宿。

浪 人 生 活

京都之行

　　说到京都之行的一应准备，彼时，一桥家用人①中有一人名唤平冈圆四郎，在幕吏中颇具个性，喜指点江山，颇有书生气。我与喜作便常常拜访，与他交情渐深。平冈曾劝我二人说："足下虽生于农家，然多番听足下之言、与足下交谈，可见你二人志向非凡，确有为国尽心竭力之精神，然身为农民，无可奈何，实属憾事。所幸，一桥家亦有为官之道，在下亦能从旁关照，足下便立即仕于一桥家如何？"当时，我二人心中仍怀有前述之计，若能得一桥家臣之名，即使身佩刀剑，或是手持长枪，备藏甲胄、纠集众人，都不会引人怀疑。彼时之制，贱农不得持刀，故仕于一桥家实乃良机。我二人便与这平冈格外亲近。因此，此次京都之行，我二人欲先投靠平冈为家臣。然彼时，平冈已是一桥公侍从，九月已前往京都，不在府中，我二人寻访其住宅，向其妻说明原委："我二人欲前往京都，故请做贵府家

---

① 用人：江户时代武家的编制之一，指在主人身边管理日常生活、掌管家政的人。——译者

臣，在此先作禀告，还望应允。"其妻答道："圆四郎早有吩咐，他离家期间若有二人上门自请为家臣，允了便是。此事我已知晓，这便答允你们。"自此，我二人便以平冈家臣之名走动。若以一介穷浪人之身，一路上或遭人怀疑。倘若称是一桥家家臣，我二人便无轻易被捕之虞，此举旨在以防万一。

随后，我二人一路通畅，于十一月二十五日抵达京都。一路并无特别匆忙，然此次并非游山玩水之行，便只取寻常之道。及至京都，见天下英雄豪杰云集于此，关注天下大势，我二人认定在此必能寻得出人头地的好机会。甫一进京，我二人当即前往拜访平冈圆四郎，又探访另外两三名相熟的一桥家臣。我二人前来京都，本就并非志在仕于一桥家，不过是欲探查京都形势，便想多多结交天下志士，此间有一事须提。

结交天下志士

如前所述，自从意图起事以来，不得不动用经营蓼蓝生意的钱款，或是购置刀枪，或是制作甲胄，用在各种事项上，此后，我禀明父亲，乞请原谅。那挪用的钱约莫一百五六十两。然我从未为一己享乐花费金银，父亲便也点了头，称"那也是无可奈何，就当作家中经费吧"。又亲切慷慨地说："你此去京都，是否还家也未可知，如遇难事须用钱，不论多少，尽管拿去。到了那边，为父家产亦是你的家产，只要不作歹用，为父绝不吝惜。如若需要，务必直言，家中便为你送去。"我又说："我虽用不上钱，然一路上身无分文亦是难行。不管是要钱保命，还是不靠家产自力更生，都须支取银钱以充短期内生计所用，现下需黄金百两。"父亲当即应允，予我百两黄金。然我深感朝不保夕，做事一反从前，游玩江户时还曾到芳原寻花问柳，又浪掷几多，转眼间二十四五两黄金如土挥去。随后，我拿着余钱，到了京都，探访赖复次郎①，寻了宫原塾，还听闻某藩贵人的引见人在此，前去打探，又得知慷慨激昂名士在此，要去拜访。往来之间，花销颇多，上京月余，乐此不疲。然倒幕这一紧要之事，我毫无头绪。我二人四处奔走打探，也只闻寻常评论，"今上素主攘夷，然幕府从中作梗，圣意难测。""萨长两藩到底是和睦不得。""长州藩失了界町御门之固②，而今由会津藩任守护职，颇为得势，有志者无出头之日。"如此种种，我二人一

---

① 赖复次郎：赖复，号支峰。为日本著名汉学家、《日本外史》作者赖山阳次子。——译者
② 界町御门之固：界町御门是京都御所外郭城门之一，原本由主张尊王攘夷的长州藩镇守。天诛组之变后，长州藩失势被逐出京都，界町御门由主张公武合体的会津藩接管。下文的有志者指尊王攘夷志士。——译者

直未寻得起事之机。

是年，入冬后，我和喜作相商，觉得如此一味游荡，甚是无趣，不如趁现在去某地旅行，又觉得去伊势神宫参拜甚好，便一同出发。彼时，尊王派以参拜伊势神宫为国民义务，我二人便计划拜过伊势神宫，再顺道游玩奈良大阪一带名胜古迹，于十二月中旬离开京都。天时正寒，彼时不似今日有火车、人力车，甚是不便，然我等有股莽直之气，兴致高昂地参拜了伊势神宫，又回到京都，安然过了正月。在京都期间，我二人频频向平冈圆四郎打探一桥公侍奉朝廷、与诸藩交涉之情状，又问到攘夷锁港，幕府是否决意奉旨行事，汲汲于此。不料，此间竟有意外之事。

此事便是元治元年二月上旬，尾高长七郎自江户来信。要谈此事，须得稍稍言明彼时我二人之境遇。无他，不过是我二人到京都后便一直宿在三条小桥旁茶屋久四郎家中，即上等旅社"茶久"。起初，我二人宿在那上等客栈，然去伊势神宫前必须结一回房费，我二人顿感囊中羞涩。故我与喜作相商，这般下去，未及赴死，便会无法维持生计。须得和店家商量，降低房费。我们随即唤来店家，和他说："餐食随意，只是这住店钱能否略减？"最终，餐饭就成了早晚两顿，不吃午饭，而房费则降至一日一人四百文。如今回首，这四百文只是区区小钱。但彼时，这已是上等贵客的价钱。普通旅舍房费不过二百五十文左右，我二人花四百文住店绝不算窘迫。然倘若打算久居京都，一开始就应寄宿于人家，方是便利之法。我二人毕竟是初涉世事的书生，并不懂精打细算。

同志被捕

我迫不及待要读这江户来信，读罢愕然，信中所言实是不可置信之大事。若要细说，便是长七郎携长村三平、福田滋助前往江户，途中阴差阳错，被捕入狱。我二人阅毕此信，面面相觑，一时无话。其实，长七郎遭逢此难前，我二人曾修书与他，信中大意如下："京都此地，有志之士云集，兄长何不来此，共同尽力。幕府必定如我等所料，因攘夷锁港谈判覆灭。此诚我等为国效力之秋，唯盼兄长亲至京都。"而长七郎在来信之中有言，他被缚之时，此信尚在怀中。是夜，我二人三番四次阅读来信，想到我等视为依靠的尾高，曾起誓生死与共的中村、福田，无一例外，身陷囹圄，生死未卜。早知如此，不如当初依计于十一月举事，或反免缧绁之辱。我二人满心怨怼悲愤，相对无言，每每展信，扼腕切齿。我深感已至末路穷途，若当时寻了短见，便只有切腹自尽了。本家喜作愤愤："我明日便回江户。长七郎他们因区区小过便被逮捕，真是岂有此理！"他欲伸张正义，然我深思熟虑后劝阻道："幕府毕竟坐拥领地八百万石①，便是不讲道理，你我二人又奈他如何？倘若到了江户，万一不慎如长七郎那样被捕，便不会有为我二人抱不平者，故不可到江户去。"我二人绞尽脑汁，好一番思量。一人提议如此这般，另一人则反驳甚为危险；一人提议这般如此，另一人便说万万不可。二人久久不能谈拢。且莫说救出长七郎，我二人与之前信件相关，或随时被捕，自身难保。末了，甚至想着干脆投奔长州的多贺屋勇去，他昔时四处游历，与我在江户、家乡有过数面之缘，应该可靠。喜作却疑虑，便是去了长州，亦不知那多贺屋身居何处，是生是死，纵令我二人千里迢迢远走长州，能否进入藩境也未可知，或引人怀疑，被认作幕府所派奸细，惨遭枭首。如此看来，此计实非上策。二人一筹莫展，进退维谷。现在说来可笑，然当时我等忧心如焚，与之前扬言夺取高崎城之威势天差地别。

究其缘由，盖因我深知暴举一事，过于莽撞，败则

---

① 石：容积单位。日本战国时期实行"石高制"，土地的价值、作物的产量等都被换算成糙米的生产量，以"石"为单位表示。对大名和武士而言，"石高"是接受封地或禄米以及承担军役的基准，表示其领地的收入和俸禄。——编者

赴死，彼时事败而死，死亦乐事，就如戏中一般。然此次不同，可堪信赖的密友知己被捕，现于狱中痛苦呻吟，虽不甚知晓其因，然一旦我等去信落入幕吏手中，幕吏必定更为憎恶长七郎等人，我等亦难免连坐。祸不单行，我甚为忧心，思来想去，彻夜未眠。

受人诘问

翌日清晨，收到平冈来信，言说有要事相商，唤我二人即刻前往。我二人不明所以，索性径直前往平冈居处。及至平冈居所，只见其人态度一变，将我二人引至客座，口称"与足下二人有要事相商，故延请足下过府一叙。足下曾在江户做过何等计划，务请足下坦诚相告"。这话问得突然，我二人只是否认。平冈又说："想必足下不便言明。无他，只是幕府就足下之事向一桥家打探。我与足下交情尤深，深知足下秉性，相信足下定不会为非作歹，还请不要隐瞒，如实相告。"这平冈素乃幕吏中有志之士，向来可靠，不必瞒他，我二人便说："如此说来，确有一事。我等昨夜收到来信，得知二三至交犯下罪行，为幕府所捕，囚于狱中。"平冈又问那是何许人也，我等便称那是志同道合、志在攘夷锁港的男子，当中有教人剑术者，乃吾妻之兄。平冈又笃定我等并未和盘托出，再次逼问。我等又言说："不敢欺瞒，我二人曾修书于他，其人被缚之时，怀中尚留有此封书信，想必幕府向一桥家询问便是为此。"平冈又盘问我等信中言及之事，我等坦白："那是要遭幕府降罪的事。我等向来以为幕府为政有失，当今幕府统治天下，日本国前路难卜，若不早日颠覆之，国将不国。信中所言，便是此事。我等深知，此乃幕府最忌讳的禁物。""便是足下所言非虚，慷慨激昂之士往往举止残暴，在下猜想，足下莫非做了杀人越货的勾当，若做了，还请坦白，足下实难为你等掩盖罪行。"平冈平静追问，我二人坚决否认，称确实杀心频起，然未有杀人之机。"当然，我等绝无因仇、因财杀人之意，只是要匡扶正义，铲除奸邪，亦未有下手之机。""确实不曾杀人越货么？""千真万确。"至此，平冈安了心，不再追问。

相劝出仕一桥家与仕官论

问答过后，平冈说："在下已知个中细节。足下今后有何打算？"我二人答道："实在是不知道该何去何从。原本是依仗阁下成为家臣来到京都，本非为在一桥家做官而来，以一书生之躯忧虑天下之事，虽是不自量力，但远离故乡一心流浪，如有为国尽力的机会，便是现在立即赴死也在所不惜，无奈尚无目的，发誓生死与共的同志之人又不幸在江户被捕，事到如今，故里不得归，进退两难。"平冈又说："原来如此，在下明白。足下暂且易志屈节，效忠一桥家如何？一桥家和诸藩大不相同，是用所谓的御赙料生活，也就是说身份与御寄人相同，主要官员都是幕府来的随从，我身份低微也是幕府中人，最近才差遣侍从一桥家。招纳外人、聘请浪人之事虽说十分困难，但足下平生之志不俗，若是想要出仕此家，足下平素志向非凡，在下愿尽力打点安排，如何？现下，高官厚禄确是无稽之谈，必先身居微末，忍耐一番。足下徒然舍命，自称为国，却并非真正为国。足下或曾听闻，一桥公乃有为之君，假使幕府腐朽，此公自是不同，若是侍奉此前途有为之君，提鞋拾履，亦足以慰志。若有屈节之意，在下可尽力引荐。"我等答道："承蒙谆谆教导，我等实在感佩无涯。如您所见，我等不过贫寒书生，然此事关乎进退去留，当下难以轻率作答，容我等细细商谈，再作答复。"当日就此告辞，返回住所。

返回下处，二人即刻开始商讨。喜作先说："我等此前为倒幕四处奔走，今若仕于幕府旁支一桥家，恐落得个走投无路、卖身糊口的恶名。且不说旁人知是不知，我等岂能自认俯仰无愧？"我便答："此言有理。然深思一步，我等别无良策，自缢而亡并非智举。如那高山彦九郎和蒲生君平一般，只气节高直，徒劳送死，实在不敢苟同。便是得了个高洁的善名，那般所为于世间无益。纵使被尊为有志之士，于世间无用，不过空有虚名。再踌躇不前，我二人或有牢狱之灾，先为生活所迫，终究只能托词大行不顾细谨，或是寄人篱下，或是成为夺人财货之恶徒。其实，若有可靠之人，远走萨长才是上策。然目前并无亲友知己可托付，只得作罢。若可忍下卑屈，为求糊口而屈节，只要事先证明自身一片赤胆忠肝，坚定意志，为解燃眉之急，仕于一桥家也无妨。"喜作又称须得先回江户解救狱中同仁，我反对道："便是要救，若我二人一到，他们当即获释，当初亦不会被幕吏投入狱中。说到搭救，若是我等仕于一桥家，摆脱当下寒酸浪人之身，可得一桥家士人之名，虽为轻士贱吏，也可自然消弭幕府怀疑，或可寻得搭救之法。现今并非谋求一身安乐之际，然出仕一桥家确是一举两得的救急良策。"喜作被我说动，决意屈节出仕。

决意出仕　向上进言

仕官一事，已有定论，又深谈一番，我等虽能强撑，然现下食不果腹，居无定所。以此为由自求委身幕府实是令人不甘，不如找个托辞求官。我二人便定下翌日如何陈情。次日早上，我二人到了平冈府上，言说："昨日承蒙指教，我等认真商谈了一番。如君所言，我等正彷徨于穷途末路。此番，君愿引荐，如此美意，实乃出乎意料。然我二人虽出身贱农，向来以志士自居，磨砺气节，深知为义舍生，则性命轻于鸿毛，来日有事，必将水火不辞。如今虽身陷穷厄，却不堕当初之志，不求食禄之丰。然一桥公若可广招当世志士，于天下有事之时加以任用，尽禁中守卫总督之职，我等不论持枪上阵或随侍左右，必不计职务高下，尽心竭力。若是一桥公所想与此相左，我等斗胆，即使召以高官厚禄，也不愿侍奉于他。若一桥公志在前者，我二人倒有些许愚见，愿建言献策，望为一桥家所召。"平冈听罢，颇有兴致，令我们先献上计策。我们便把事先所书之计呈送平冈。那原稿现已逸散，犹记其中概要是，国家有事之时，御三卿①受任亲为京都守卫总督实乃前所未有之大事。非常之时有非常之令，担此大任须得英明非常。而欲决断英明，要务则是广开招纳人才之路，网罗天下人物于麾下，以各任其才云云。

平冈读后，承诺会将此书上呈一桥公过目。我二人又对平冈说："还有一事相烦，若为前述之意得成一桥家臣，不知此前有无先例，即主公下令召见，纵使主公无意如此，我等也想面见直言，而后再求招用。"平冈称没有先例，恐难实现。我们劝道，若说没有先例，直

---

① 御三卿：德川家旁支田安、一桥、清水三家，可在将军绝嗣时进献养子继位。——译者

接召农民为官亦无先例。平冈仍是不允。我们再请：
"您若不允，我等无论是生是死，这份差事也只好敬谢
不敏了。"见我等那般坚持，平冈虽为难，却也同意去
商议一番。

入内拜谒　开陈意见

一两日后，平冈称觅得一法。然生人不得拜谒一桥
公，只能寻个机会，让我等能遥望一眼，再行介绍。但
我们不是家臣，便难有好时机。不过，一桥公要在两三
日内赶往松崎，途中可见其真容。因为一桥公乘马出
行，我也必须得策马。这使我十分为难，因为那时我身
形臃肿，个子又矮，极难奔走。但那日眼见公所骑之
马，我等便奋力从下加茂一带起跑了 10 町（1 町约为
109.09 米）余地到山鼻，赶上了一桥公一行。

此后过了一两日，我等受命入内拜谒，向公直言前
述之计。大意为，水户烈公贤明，主公身为子嗣，以御
三卿之尊，身任京都守卫总督要职，微臣惶恐，私以为
主公深谋远虑，已有所知。而今幕府命脉可谓已然断
绝，故而今日思索扭转幕府颓势之时，一桥家反亦有共
同覆灭之危，诚欲存宗脉，私以为遥相帮扶之外别无他
计。因而望主公徐徐招揽天下志士，置于麾下。逢天下
多事之秋，政府纲纪松弛，四方号令难行，有立志治世

之人，亦有图谋乱世之辈，而乱世之人正是他日治世之才。公将乱世能人悉数揽至麾下，则乱世者尽收，天下大治。此所谓英雄运天下于股掌之间也。如公无此意，则徒居此要职。然正如之前所言，若将天下有志之士尽皆聚于贵府，积弊渐次革除，诸事尽皆畅达，幕府定会生疑，或有讨伐一桥家之论调生出。万一如此，便迫不得已起兵抵抗。正如天武大友之乱，虽非人人乐见之事，但于社稷之重并无他路。毕竟击溃幕府乃德川家中兴之基。公若深思熟虑，必知此事完全合理。我毫无遮掩，公只颔首倾听，一言未发。然依我之见，公并非无动于衷，而是有所留心听取。

出仕一桥家

奉公伊始

此次拜谒顺利结束，而我开始为一桥家效力，约是在二月十二三日。是时，我等受封之职名为奥口番，乃是把守内门的职务。有官役言说，奥口番还有其他同僚，便将我等带去值房。所谓值房，便是一处肮脏之所，草席开裂、除蚤蚊外别无活物可居。那处有一二老耄之人，官役向二人介绍我等乃是新进同僚。我等乃是一介书生，不知礼仪，无所顾忌，坐下向二位老者行礼。老者便责备道："足下可是不知？尔等不可坐在此处。"原来那是较上座更上之处。这便是我等所遭初次训斥。当时我便想，在这等连草席都残破不堪的值房内，竟也要分出个一级半级的差别，实在是愚蠢至极。然我仍对老者道歉，说自己实是不知，多有失礼。

说到这奥口番，乃是我等身份所属之职。当时一桥家设御用谈所，可比诸藩于江户所设留守居役所。我二人受命出任于此御用谈所，终于得以免除奥口值房之职，实在幸福。从此，我二人借来御用谈所旁侧一室同居。至于俸禄，只有四石，两人共同领取，此外在京都停留时的月俸是四两一分。实不相瞒，我为自己的仕官之身感到羞耻，然身为仕官，便会生出相应的欲望与傲慢，随即也生出些许乐趣，而我等深知，仕官伊始须得谦逊好学，故二人一道，不分昼夜，精勤努力。

自理伙食　负债之忧

再说生计之事。离家时父亲给我黄金百两，部分用于江户，部分用作路费，还有部分用于参拜伊势神宫，再加上京都两个月的食宿开销，到这一年二月已所剩无几，只得问一桥家的朋友三五两地借钱。最后两人共借款二十五两。然两人刚成为差役，奉薪四石，月俸四两一分，要还清债务，须得尽量节俭。因此每月领到四两一分都倍加珍惜，如非必要花销，不虚掷一钱，积攒下来。借住之长屋有八叠，内有两间附带厨房。此间生活不得随心所欲，早晚两餐的味噌汤料及腌萝卜都要自行购买，间或买来竹包牛肉已是无上奢侈。当时还掌握了煮饭之法，起初做出的饭时而如粥稀软，时而干硬，二人叫苦不迭。逐渐熟练后，二人懂得架起锅，放入淘好的米，手轻按于米上，手略高于水面即可。味噌汤制法我从前便知，故而烹制了豆腐味噌和菜味噌。此外，京都没有褥子，只有被子，如各租一套，费用又要增加，便租来三床被子，两人相背而睡。方才提到，我二人须偿还二十五两借债，又曾立誓宁死不向家中伸手，只得指望着四两一分的月俸。然从中节俭还债并非易事，二人极度省吃俭用，终于在四五个月后还清了债。

以密探之身入折田要藏之门

前面提到，我二人供职于御用谈所。彼时，上官为一桥家用人物头与目付之中专司外交事务之人，御用谈所便是他们集会之所。此间所理之事多为接待禁中之人，进行公家交际，以及与诸藩交易。因此，我二人虽身份低微，却也心知身处机要之地。待到春暖之时，诸藩之士渐次前来京都，其中也有堪称有志之士者，常发攘夷锁港之语，故大阪湾海防问题应运而生。

此事缘于兵库开港论，即与外夷起战事时须巩固大阪海防。彼时，萨摩藩家臣折田要藏（现称年秀，凑川神社神主）善筑城学，领百人扶持，受任大阪湾海防炮台筑造敕使。今日看来，折田此人并非卓越兵学者，只是大话连篇，巧舌如簧，故得幕府赏识，尊他为筑城学大家，命他筑炮台。至于大阪开市一事，向来在公家之中亦众说纷纭，岛津三郎（久光）也曾上京进言。然关于大阪湾海防一事，某日，折田被召入二条城，一桥公、板仓阁老及其他相关官员齐聚征询折田意见。折田口若悬河，大谈特谈，称自己除大阪湾海防之事，还尽数调查了天下各处须设防的港湾，江户湾应如此，大阪海当那般，甚至还谈到何处应有船几艘，何处到何处间距适合大炮开火，又提议大阪湾海防须设于安治川口、天保山，岛屋新田自不必说，木津川口处也有几处要地，统共十五处须筑炮台。现在想来，其言之中必有信口开河之处，然彼时他乃萨摩有势藩士，他所言亦是适时之论，故幕府便赐他百人扶持，令他任炮台筑造敕使，于大阪指挥炮台建造。

彼时，私以为以幕府失政之机于天下起事者无非萨长两藩。但此话不便同主公直言，只能提醒平冈圆四郎务必关注萨摩藩动向。唯有如此，方可守住京都。平冈亦有同感，暗中同我说："此次折田要藏作为炮台负责人前去大阪，务必着人引荐，投入其门下，或能潜入萨摩内部，做其弟子定大有裨益。"我答道："既然有所裨益，那我就去一探究竟。且我恰有友人可帮忙，若说我一心向学，想做其门生，定不会遭拒。若由一桥家出面，过于郑重反倒让他怀疑，莫如直接说想做其内弟子，也便于日后探查。"平冈首肯，将此事交付于我。

如今的川村正平（当时叫惠十郎）有一友人名唤小田井藏太，与折田关系甚密，托此人向折田引荐我投其门下，习筑城之学。同时一桥家也有人去打了招呼，说我乃一桥家臣，请他不吝赐教。我颇费周折才做了折田的门生，前往大阪。当时是四月初，我奉公而居不过两月。折田的学问并无定规，况且筑造炮台场乃是实地作业，练习也无甚次序。我终日绘制草图、誊写文书。我不曾学习绘图，墨色浓淡、线条曲直均不自如。但既已投身此地，便别无他法，文书能写一二，绘图却尽成废纸，每遭训斥，深感为难，却也终能绘制粗略的图画。折田在萨摩藩原本地位并不高，但幕府公务在身，他便立即在其居所搭起紫色帷帐，大摆排场。其随从都说鹿儿岛话，异乡人闻而不得其意。我对鹿儿岛话、江户话都略知一二，折田便常命我去交涉派遣使者等要事，譬如前往大阪町奉行所，同勘定奉行议事，同御目付交涉。他吩咐的各项接待，我都办得谨慎妥帖。然此景不长，我仅于此间停留四月一月，五月八日我便折返京都。我向平冈说道，毕竟这学习一事，内里实为间谍之举，稍得其要领已是足够。平冈应允，召我回京都。其间，有一笑谈。

醉酒发狂

彼时，折田要藏借宿于大阪土佐堀的松屋中。此户玄关处张挂紫幕，看板上书一行粗笔大字，曰大阪湾海防炮台筑造敕使折田要藏，十分显眼。有萨摩藩藩士时常到此寻欢作乐，中有现今警视总监三岛通庸、前海军卿川村纯义、日本铁道会社社长奈良原繁，又有中原直助、海江田信义、内田正风、高崎五六等人。当中要数川村与三岛最常来，二人近似于折田副官，借宿于松屋附近。折田其人十分爱装扮门面，好摆架子、逞官威，但川村和三岛同他截然相反，性格直爽豪气，平日交往也看不出意气相投。当时松屋中有个叫阿美希的姑娘，川村和三岛早就看不惯折田宠爱她的样子，我收到一桥家的命令返回京都的前一晚，川村和三岛过来，邀我一起去鱼市场茶屋饮酒，为我送行，我把这话大意告诉了折田，得到许可后就去了鱼市场的酒馆。三人相对而坐，纵酒放歌，酩酊大醉，至夜里十一时许，我才回到松屋。这之前三岛就离席回去了，我只是好奇他为什么先行离开，并没去想其中缘由。到了松屋，我禀告折田自己已归，往其席边一看，席上杯盘粉碎，松屋女子眉间负轻伤，头裹布巾，卧倒在地，折田呆坐于狼藉之中。我霎时酒醒，忙道："先生，这是怎的？"折田愤愤答道是三岛来过，捣乱一通后扬长而去。我叹道，实在岂有此理，又追问缘由。折田道："听闻足下不日返京，他今夜办了饯别酒宴。""正是，此前已向先生禀明。""三岛竖子于饯别宴上大醉，闯到此处大闹一番，想来在席间便对我大加诽谤辱骂。如此，足下与那三岛乃一丘之貉。"一听此言，我勃然大怒，那夜醉酒，我更是激愤难忍，直视折田，踞而怒道："我与他一丘之貉，是先生猜测，还是三岛所言？实在荒谬至极！我以先生为师，受先生教诲，无论何时都不会有暗中诽谤先生的卑劣之念。这实在是意外之事。如若三岛所言，那是他栽赃陷害我，实在卑鄙！此事绝不可善罢甘休，我便将三岛擒来手刃！"说罢，我便抱定必杀三岛之心，径直奔向邻家。探听到三岛正于二层酣眠。正要跃上二层，川村将我按下，问道："等等！你要做甚？""我对三岛心有所怨，欲要携其出而杀之！"我与川村便扭打而出，折田也遣人至此，令我暂且返回松屋。而三岛依旧酣然大睡，浑不知这处骚乱。川村丝毫不放松力道，折田所遣之人也态度强硬，欲要将我拖回。无法，我权且返回松屋。折田一改先前怒气勃发之态，道："先时失言，实是有愧。足下发怒也是情理之中。而我方才失言乃怒气冲头，绝非因三岛有言。惟只三岛于足下饯行宴上醉酒，前来大闹，我不禁升起疑心，乃至失言，绝无疑于足下之意。我为方才失言赔礼，万望见谅。"我答道："老师这般说，我也再无所争辩。老师可也不会再对我存有疑心？""我对你绝无疑心。激怒足下，挑起足下与三岛之论争，实在非我所愿。"折田现出歉疚之色，我便应承下来，风波就此平息。

随折田而居之时，我打探到其人曾向岛津三郎建言，又曾向西乡隆盛呈递进言书，便暗中知会平冈。一桥公本欲择机征召折田，故密令平冈细细探查其人品。五月之初，我归于京都，与平冈面谈之时，便据平日对折田言行举动之细致观察，向平冈说道："经由细致观察，我认定折田其人并无非凡才能，虽与西乡隆盛时有书信往来，其所言之事未必为西乡取信，故我不惮直言折田虚有其表。"平冈听后连连点头，言说已了然于心，又大人赞扬我在大阪勤劳奉公。

前往关东　简拔人才

此前，我二人曾向平冈进陈一事："公既已征召我等，何不广揽天下志士。我等于关东有不少友人，其中亦有出类拔萃之才。恳请差遣我二人前去关东，为公简拔人才。"平冈对我二人之言信任有加，不时询问我等友人之中是否有不求高官厚禄、甘心仕于一桥家之人。我等便答："自然是有。"我等既已仕于一桥家，自是愿招徕志同道合之人，多多益善。且正当我二人思及返回关东便设法营救尾高长七郎之时，平冈如此发问，便是正遂我意。机会绝佳，我等便托赖平冈，若是主公欲要征召有志之士，务请任命我等为人选御用。于我逗留大阪之时，简拔人才之议业已完备。某日，平冈与我二人密谈："如今终能任足下二人为人选御用，若遇有望之才，定要多加招揽。"又问："足下等欲招揽何等人才？"我等答道："欲先往击剑家与汉学书生之中，遍寻足以与我等共商大事之人约三四十，其须富慷慨意气、无贪婪之心，且为义之所在视死生如鸿毛，具敢为之气魄。"平冈欣然应允："如此甚好！务必速速将人招至，将有大用。"我二人应诺，领命前往。时值五月之末，六月之初。

于是我二人便奉命招贤，公然前去关东。所图有二：其一，遍邀故友，请之务必出山与我等同往；其二，寻机救长七郎等于幽困之中。只因此图伴有私情，忧心之余，亦是斗志昂扬。

50

　　我二人到达江户，到一桥家公馆露面，向此处官员
说明来意，又前往小石川的代官衙邸协商在领内各村巡
回的手续等。解决了这些要事，我们为营救尾高一事恳
求了有关各方，但尾高被捕，皆因他在前往江户的途中
在户田之原误伤了行人，最终在板桥旅店遭众人包围而
被捕。由于长七郎是不折不扣的现行犯，营救相当不
便。我等提前在京都向一桥家管事黑川嘉兵卫说了实
情，取得他帮忙写给江户时任幕府勘定组头小田又藏的
信件。虽然见面谈论了各种事宜，但仍无营救之策。也
算是等待时机，此后我二人主要为选取人才而四处奔
走。我原本属意的千叶门生，不曾想大都参加了水户骚
动，这水户骚动乃是水户家内部分裂，书生联、天狗组
之流的党争决裂，虽然此前家族内讧也屡见不鲜，但这
次水户家分支的松平大炊头奉水户侯之命出言相劝，最
终被书生联挟持在那珂港切腹自尽，天狗组则在筑波山
守城，和幕府的捕快大战，又是一场骚动，我江户的友
人大都四处离散不知所踪，而去年参与谋划举事的人有
意离家者也甚少。我们便先在一桥家的领地内搜寻一
番，找到了三四十个愿奉公一桥家，又不求高官厚禄之
人，此外还在江户找到十人，其中有八个击剑家，两个
汉学生，最后议定和这些人一同走中山道前往京都。且
因我们旧领主的公馆在冈部，而前去中山道，必会途经

此处，我也想顺便面见久别的父母，因此便派使者请尾高惇忠来江户一聚，但因尾高被冈部领主抓捕、关押狱中，我们未能会面，又因冈部公馆的官员视我二人为反贼恶人，顺道回乡之事也暂时作罢，我在妻沼与父亲密会。记得九月初我等携前述四五十人经由中山道前去京都，某天夜宿深谷旅店，两岁的歌子①被母亲抱来在宿根与我见了一面。因我二人本为冈部的农民，冈部公馆已做了部署要拦截我们。但我二人既是一桥家的家臣，堂堂正正地持枪佩刀，一副胆敢强行拦截就杀开血路的架势，路过官邸之前时，官邸中人也没有动手，只是走到冈部村头时来了两个藩士，恳求同行之人说："足下一行当中有本领地的农民，务请劝说他们回去。"那人回答说："我会传达足下的来意，不过，若要涩泽兄弟二人立即回村，便是令我等为难了。"如此我们便离开了。

恩人平冈圆四郎之死

然而让我二人大为惊愕叹息的一事，乃滞留关东时六月十七日的夜晚，身居京都闹市的平冈圆四郎于一桥家宅邸旁遭水户藩士暗杀。这一噩耗传到关东已是六月

----

① 歌子：荣一长女。——编者

末七月初，我等又在乡下途中，隔了十四五日才知道此事。自去年抵达京都，平冈圆四郎在仕官一桥家一事上对我们一向多有关照。听闻最尊敬依赖之人遭此意外，我们心如死灰。

好不容易留在了一桥家，出仕尚未多时靠山就遭遇暗杀、身死人手，真是时运不济、境地堪忧，我二人叹息不已。虽说如此，也不该半途而废，无论如何也要完成所受之托，九月中旬我们带着凑集的众人到达京都，发现平冈死后是同为管事的叫黑川嘉兵卫的人在管理一桥家的政事。平冈在世时，此人权力仅次于平冈，平冈死后，便由他来掌事。一桥家负责政务的大都是用人，家老当中，多由幕府的大目付、町奉行之类的官员年老后就任三卿家老，但也有禁里付等官员转任的家老、小普请出身的家老，往往是年长之人任职，寻常人按部就班晋升家老，就像壁龛的装饰，徒有其表。家老之下就是用人，用人共有六位，京都三人、江户三人。平冈是京都用人之核心，其次为黑川，还有一人名叫成田，位居三人之首，但此人是个寻常老人。所以掌握实权的是平冈，平冈遇害后便由黑川掌权。

黑川此人是从幕府的差役开始，不断卖力成为一桥家的管事，虽说并非逐级晋升、名正言顺，但能被从下级中提拔上来的，必定有些能耐。我们本是靠平冈提拔，受其关照方能仕官，故平冈死后不久，我们回到京都，虽非视黑川为无物，但两方关系并不算好。但是黑川深知当时时势艰难，能权衡利弊、辨别贤愚。我们带人回京都复命时得到了他的厚待，他说："阁下乃羁旅之臣，从前并非幕府家臣，和一桥家也无亲无故。最亲近的平冈落得如此结局，你们必定心灰意冷。我能力虽不及平冈，但既然当此要职，定不遗余力善用尔等人才，不辱你们的志向。"其言辞恳切，使我们从失望中重拾信心。

京都形势

是年九月末，我稍得拔擢，升任御徒士。所谓御徒士，比奥口番更上一级。若是再晋一级，便可担任御目见之上的职务。御徒士食禄八石，二人扶持，居于京中，又有月俸六两钱。自是年冬始，先时甚嚣尘上之攘夷锁港论渐次偃旗息鼓，故公武之间亦有所缓和，会津藩独揽大权。会津原是幕府近臣之家，风气质朴顽固，然此时在京之藩士之中有颇为干练之人，加之该藩负有守护京都之重任，于此地颇有声望。尤长州藩近年以攘夷论著称，去年八月，长州藩士被免去御所九门守卫之职，大多归藩。是年冬，国老井原主计自伏见而来，向禁中呈递《奉敕始末》一书，频频哀诉恳求。其书主旨，乃是先前长州藩于下关炮击外邦船只之事，并非长州藩之独断，乃是遵奉圣意，以期攘夷之举可见成效。然朝议向来暧昧模糊，攘夷一事，困扰圣裁，幕府自不用言，各藩亦不以为急务，且以下关炮击之事断言长州藩误事，实乃遗憾至极。伏惟判明是非曲直，仰奉圣意真诚不变。其语虽切切，终未得纳谏。故长州藩其后进行种种谋议，及至次年，即元治元年夏，众多长州藩士便到京都附近，到处屯集，并于当年秋天七月十九日拂晓，向皇宫开炮，大举暴动。一桥自不必说，更有会津、桑名、彦根、萨摩等各藩竭力防守护卫皇宫，最终得以镇压暴动。我当时因选取人才而前赴关东，不在京都，并不知晓详细情况，但这实在是一大稀事，长州藩固然战死者累累，我方各藩之中会津藩死伤最为惨重。

平定此乱之后，萨摩藩尽力鼓吹公武合体之说，一桥时任守卫总督，威势自是水涨船高。一桥家之使者，即于御用谈所当差之人，也为各藩使者尊敬，交际便日渐繁多。最初各藩以有志之士出面，担交际场周旋之劳，然当时诸藩逐渐以留守居①兼交际之责。世间常说此类人物善于交际。他们或请求停止加固某处宫门，或于藩主进京面圣之时请求关照，皆来与一桥家臣交好。

---

① 留守居：职务名，在藩主居于领地时负责幕府的公事及与他藩交涉之事。——译者

有一桥家臣抵京就引去祇园町招待一夜，或是家臣要辞京回乡就将其请到栂尾开设饯别之宴，或是有人想拜见就某晚将其请到某处宴会等等，这类交际最是盛行。

水户浪人一事

是年十二月初，于常野逃脱之水户浪人由北国筋西上，惹出一番骚乱，一桥公亲身率军前往大津站，于军报之中渐次得知浪人举动，取道湖西，经坚田、今津向海津进发。是时喜作别有要务在身，前往中国地区①，我则随军出征，跟随黑川，于军中担任书记官。水户浪人全体西上，是因前述之藩中党争破裂而起。其首领武田耕云斋、藤田小四郎等人与其他党派虽是同藩，却水火不容，势若仇敌。而是年春，敌党，即书生连的市川派借口武田派有过激举动，频频向幕府请愿，要使其背负贼名，加以追讨，引发了这场骚乱。武田派、天狗组皆为主张锁攘主义之壮年之辈，自然对幕府近来之举措心有不服，占据筑波、大平等险要之地，数次成功防守幕府之征讨，终因寡不敌众，武田、藤田率残兵取道中山道上京，欲要面见一桥公，申诉一党冤屈，请一桥公判明是非曲直。故暂且不论其表面行径，体察其衷情，

_____

① 中国地区：本书中，"中国地区"是指日本的一片区域，位于日本本州岛西部，后也被称为"山阳山阴地区"。——编者

56

亦有可怜之处。

　　然幕府已判其为贼，命田沼玄藩头派兵追击，沿途诸藩，皆发兵防备。故一桥公不可坐视不理，只得上疏朝廷，自请督军出战。先锋大将则由在京都的水户民部公子担任。此次出征原计划侦察浪人来路并于中途将其镇压，绝不任其惊扰禁中。然一桥公在大军行至海津之日，便收到消息称浪人于越前今庄向加贺队长永原甚七郎投降。永原当即报与一桥公知，公便下令收缴降军武器，于加贺藩严加警备，不日将其移交于田沼玄藩头。此事便告一段落，一桥公于十二月末班师回朝。

　　田沼玄藩头受降浪人之后，并未判明是非曲直，而是一概以贼徒之名，判处以武田、藤田为首的三百余人于敦贺港斩首。是时免于一死而被流放者，皆是劳工等卑贱之流，着实令人心酸。其后，京中有志之士中有言论评说，一桥公在水户浪人于军门投降之时，即刻将归降的水户浪人移交幕府，乃过于畏惧幕府、考量人情之举。然在我看来，那不过是在苛责一桥公罢了。

灯红酒绿中炼铁石心性

　　如此，旧岁辞去新岁来，时已至庆应元年正月。正如前言所述，自去年起，京都形势渐趋稳定，一桥家与诸藩来往日益繁杂。彼时，黑川嘉兵卫任用人之首，全权负责御用谈所之事务，川村正平较我等身份高一级，同为御用谈所出役，时常为交际应酬四处奔走。我等既为黑川等人的下属，每逢宴会，必定随行。今夜是筑前藩设宴，明夕又有加州藩招待，后晚还有彦根冈本半助的木屋町某亭之邀，几乎日日如是。席间，真实忧国的有志之士稀少，虽有与我等谈论外国形势、政府职务的难得之人，然来者大多是以推杯换盏、评花品柳为人生至乐之徒，令我稍稍生厌。然这些皆是藩间交际宴会，我等自不能反客为主，只是随黑川出席，应酬饮酒。然每夜于祇园町、木屋町陪酒，渐成本分，或易沾染轻浮之风，故我二人事先郑重约定，此际更要恪守勤俭之风，行事谨慎正直。因此，我二人虽身居灯红酒绿、声色犬马之所，但意志极其坚定，从不自行寻欢作乐，滴酒不沾，不近女色。黑川已年近五十，而我年方二十五六，正是血气方刚之时，诸藩各人饮酒作乐，而我身居其中却毫无沉醉玩乐之态，也不曾因艺妓魂不守舍，令周遭众人甚是讶异。

犹记二十六岁那年（庆应元年）正月，彼时天气极寒，我依例在夜里十二时许随黑川往鸭东一户赴宴。当晚，酒席过后，我正欲就寝，就被引至异于往常的房间，只见房内有备好的寝具，还有一女子。我不明所以，便问侍女这是何意，侍女回道："这是大夫大人

（指黑川，黑川被尊称为一桥家大夫）体谅您独眠可
怜，故招来一女子与您。"我闻言怒发冲冠，一言不
发，更换衣物后拂开吵嚷着挽留我的女子和侍女，只甩
下一句：我今夜有急事，须得回去，若大夫找我，就说
我有急事回去了。我快步行至三条的小桥，身后便传来
黑川的呼唤，我驻足等待，他上前提议同行。二人并肩
漫步之际，黑川说道："您此时独自返回小屋，恐怕多
有不便，还是留宿于我的公馆吧。"我道谢答应住下。
黑川便正色道："今夜实在失礼。足下定是满腔怒火
吧？"我亲切回话道："非也，我绝无怒气。然此两三
年间，我在心中立誓，绝不玩乐。因此辜负了大夫的一
番好意，我深表歉意。"黑川闻言，对我大加赞赏：
"实在惭愧，足下人品贵重，正是堪当大任之人。"我
不曾受人佩服，这也本是琐碎小事，但我因此得到了黑
川等要员的信任，成为他们眼中心性坚定的可用之人。
此后，丑年（庆应元年）二月，我再度升职，成为小
十人，俸禄增至十七石，五人扶持，月俸十三两二分，
位居御目见之上。此前我一直是御用谈所的下役，此番
则由下役晋升为出役。我自去午开始奉公，一年内升了
两级，此间颇为勤奋。此后，我又出任御用谈所出役，
却并无大用。自诸藩上京众人，皆是俗话所说的"老
油条"，八面玲珑。与这等家伙推杯换盏，发些不痛不

痒的慷慨之词，毫无意义。若不为于世间有用之事，奉公亦是毫无价值。我欲有所作为，便思来想去，顿生一计。

募集军队之苦心

关于军备之提议

此事皆因一桥家此前毫无军备可言。虽有精通弓马枪剑的百余名御床几回作为一桥公亲兵，却并非作冲锋陷阵之用，只负责保护主公。此外，虽有御徒士、御小人等步卒，也不能算作军备。而御持小筒组（当时担任此职的大久保也是其中之一）手持短铳作战，虽不完备，但也具有步兵资质，然而人数极少，仅有两小队，且非训练有素的劲旅。况且御持小筒组乃幕府所授，即所谓的客兵，听令于幕府，几乎不具战力。此前一桥公避世隐居，本不需军队，然今日担当大任，堂堂京都守卫总督毫无军备，实属怪异。故我曾对黑川说："从字面来看，'守卫'取'镇守防卫'之意，奉命当职，手下若无军队，'守卫'有名无实。仅凭如今这三两小队，如有万一，难当大用。何况，那还是幕府之人，幕府可随时随意撤换军队，我等几乎手无寸铁，与赤手空拳无异。如此实在难当京都守卫总督一职。"黑川说："足下所言极是。然而眼下棘手之处无他，只是迄今为止，军队每月耗金一万五千两，用米五千石。若向幕府再借军队，实在有心无力。即便能筹措经费，军队用人亦是无计可施。""若是如此，我倒有一计。若召领地内农民，组建步兵，千人不在话下。如您所言，若经费到位，即刻便能组建两支大军。""虽是妙策，可召集众人绝非易事。再者，此事有何目的？如有计划目的则先拟方案为好。""自有计划，但具体事宜还须拜谒时再详细禀告。""如此甚好，在下即刻禀报。"

采纳意见

拜谒一事，便是寻常礼节也十分烦琐。我了结折田一事后归来时曾拜谒过一次，而后又请求拜谒过一两次，前后统共已觐见进言三四次。此番亦是时隔两三日，我便获准拜谒。谒见时所述大意为，公欲尽京都御守卫总督之职，则军备不可或缺。而编制步兵乃设立军备的头等要务，从领地召集农民再好不过，但募兵时须得注意，地方官员不过是按职务征兵，难以组建强军。须从京都选用合适之人负责招募，将其派往领地内，各处召集民众，细说当今时势，务必让其领会募兵目的何在，以应征为领民义务，自发主动出头。此番详述后，我主动请缨："在下不才，愿担此重任，即刻出发。即便粉身碎骨，也定携相应之人才，建不输各藩之军队。"这一建议得到采纳，我翌日便被任命为步兵取立敕使。时有军制敕使一职，由黑川任敕使之长，数名家老为副。此番步兵取立敕使也同属此职。

犹记我于二月二十八日受命。我自觉出身农民，稍加引导便有不少应征之人。

一桥家的领内上供包括摄州（即摄津国，今大阪府西部及兵库县东南部）一万五千石，泉州（即和泉国，今大阪府南部）七八千石，播州（即播磨国，今兵库县西南部）两万石，备中（今冈山县西部）三万两三千石，统共八万石，还有两万石位于关东，总计十万石。备中一地的代官所位于井原村，摄州、泉州、播州三地则在大阪川口设代官所。京都御勘定颁发御用状昭示各地：派涩泽笃太夫（仕官一桥家时我奉旨改称笃太夫，此后通称此名）任各地步兵取立敕使，诸事都听其调遣。当时由如今身处仙石原的须永任下役，在其陪同下，我们先行前往大阪代官所，面会代官，说明来意。大阪官员十分圆滑，觉得这不过是桩小事，却称其深知此事的重要性，但劝我先去备中为好，若备中成事，摄州、泉州、播州三地自然容易。我想备中若能完成此事，此地也不在话下，便先从备中着手，于是就离开了大阪。我计划在四月中旬左右，备中的事务结束后，先从播州各村着手，届时也派人前去代官所，通知期限并简略商讨后续计划。我动身前往备中时，已是三月四日了。

意外难题

上路四五日后，我于三月八日左右到达备中井原村。到达前夜，该领地的主管庄屋遣了十人到板仓驿站迎我，那处是普代大名板仓侯所在城下町，故驿站内接待严肃庄重，市内通行时还命平民回避行礼，我也威势大增。此行本就是因公出京下乡，多少需要些派头，御勘定所便派仪仗予我，准我乘长杆轿子出行。依幕府规则，那长杆轿子非目见之上者不得乘用，一桥家亦仿幕制，只许目见之上者乘用长杆轿子。我不过突然成为武士，此等待遇并不适合。翌日，我到达备中领地内国后月郡井原村，面见代官，又当面向各村庄屋言明来意，令他们速召领地内各村各家次子、三子中的有志者前来。然代官提议先把各村子弟尽数召至阵屋，由我亲自发令为上。我便日日召集村民，在阵屋门前告知他们此番事由。村民却声称，我手下庄屋已经详细说明，若要奉公，自会前来，说罢便大力推开门走了。如此，日复一日，大量村民前来阵屋，却无一人应征入伍。我大感诧异，若是自己，一定欣然应征，而今却无一人响应。我又言辞恳切地反复劝说："不知各位对今日时势有何高见。但天下可不会一直风平浪静、太平无事。便是现在，某地也可能燃起战火，战事一起，可就无法像现在一样，因为自己世代为农民而安心生活了。在这个时代，血气方刚之人若趁早请愿奉公，为领主效力，上面看在眼中，你等必能凭各自才干闯出功名。闯荡一番，好过终生面朝黄土。如此说来，我也原是农民，有感于当今时势，遂侍奉于一桥公。此次乃受命前来。"我晓之以理，动之以情，为说服村民使尽浑身解数，终究还是无人应征。我疑窦渐生，猜想必定事出有因，无奈百思不得其解。

忙里偷闲

不过，我在京都领命时夸下海口，如今自是不能声称招募失败，空手归京。我寻思此事应从长计议，不久或有其他计策。此后我便不再召集各村村民，转而到各村庄屋询问附近是否有剑术家，又或是有无学者。他们便告诉我，有一位姓关根的剑术先生，至于学问，则有阪谷希八郎先生，那阪谷先生在寺户村建兴让馆，并任教其中。我闻言道，久闻阪谷先生大名，欲速速前去拜访，便送去拜帖，称自己赋诗一首，携酒一桶，明日求

见。至于那诗，我只记得转结二句，"唤催红友（酒的
别称）为通刺，先探君家无限春"。翌日，我拜访兴让
馆，与先生及几位主要书生谈论时事，归来后我在公馆
设宴招待阪谷先生和几位书生。彼时，阪谷先生主张开
港论，我反对此论，反驳称必须攘夷，二人为开国利弊
争论不止。然阪谷先生称，便是官府之人，讨论这件事
时也应超脱于官府。我深以为然，欲与他好好讨论一
番。于是两人开诚布公，痛饮畅谈，不知时间流逝，可
谓唾壶击缺而不知，实乃近来快事。此后，我又前往池
田丹次郎府上，与那关根交手后，发现他并非如传闻所
言剑术高强，此人接不住我的斩击，轻易败下阵来。这
件事迅速传遍各地，人们传说，此间前来的官爷并非寻
常俗吏，学问、剑术都十分了得。一时间，我虚名大
振，附近各村修习文武的少年子弟日日寻来，与我探讨
学问，切磋剑术。一日，我问附近有何乐事，得知春日
里备中有网鲷，便与兴让馆书生及附近子弟同往。网鲷
就是往海里下网，乘船拉网捕鱼。鲷鱼若是潜在网下，
多少能逃脱那无底之网，但鲷鱼只往上游，因而被一网
打尽。鲷鱼大量入网，仿佛海面涌来红波。旁观者掷酒
桶以示祝贺，渔夫就以二三尾鲷鱼回礼。便是标价出
售，那鲷鱼也是廉价之物。我等一行烹鱼、饮酒、吟
诗，愉快至极。

对庄屋步步紧逼

如此游玩五六日，阵屋附近村落二人以及其他村落二三人前来请求随我前往京都，为一桥家效力，怪哉。我以为口说无凭，便令他们将志愿写于纸上呈来，我才能稍感安心。妥善保存了志愿书，又以有要事相商之由，连夜将庄屋诸人召至驿馆。我恳切说道："近来，我向众人细说京都形势，欲要带村中次子、三子前往京都，组建步兵队，守卫领主，为一桥家效力，然无一人应征。及至今日，方有几人提交志愿书。此间有嗣子，亦有次子、三子，共五人左右。我在备中短短时日，接触之人中就有四五人应征。然数十村落数百人中无一人应征，断无此等道理。如此看来，诸位定是遭各方掣肘，未能为主公尽力。若是如此，诸位以为我会与从前那一桥家臣一般，安心食禄而不作为便是大错特错。如若事态与诸位行为有异，我或可斩杀十到十五名庄屋。诸位若是做事拖沓，我绝不姑息。我之所见绝无错漏，若阵屋之中有官吏因畏惧劳苦而掣肘，一经发现，不论其对时事作何想法，不论其身为代官或是庄屋，决不轻饶。当初我既胸有成竹，向主公建言征兵，便对此事负有责任，心知无论成败，我都一力承担。因此，我绝不会因循守旧，敷衍了事。如今我与诸位推心置腹，还望诸位不要有所隐瞒，开诚布公，将此前秘事告知与我才是。"我步步紧逼，结果不出我所料，一名主事庄屋上前，说道："大人明察秋毫，洞若观火，诸位还是坦白的好。"于是席上诸人众口一词，请他替众庄屋陈情。于是那名庄屋坦言道："下官惶恐，代官曾私下与我等说，近来一桥家内投机者日多，实在不妙，当权者黑川等人出身微末，发迹至此，全赖投机之风。其人如此，定然偏爱浪人。此番使者来此，定要做出些前例未有之事，搅扰乡里。若是对其唯命是从，领地内百姓便会遭殃。还是尽量对其敬而远之为好。此次募集步兵之事，若说无人应征，便可顺利了结。此事乃是机密，如若泄露，便会给代官招来麻烦，要我等仔细思量。代官大人言之切切，故众人虽欲应征，都被我等劝阻。我等又向您谎称无人应征。然大人您深受书生与剑术家爱戴，我等终是无力弹压，这才有应征者直接向大人请命之事。我等惭愧，但请大人保密，此事若是摆上台面，后果不堪设想。且此事事关我等庄屋在代官大人手下的处境，万望大人高抬贵手。"这些乡野庄屋，乃是端正守礼之人，毫无遗漏、供认不讳。我便放缓态度、出言安抚："我已尽皆知晓。只要应征者足够，我便既往不咎。且我亦会与代官商谈，不会牵连诸位。诸位也要再次费心，教谕领民，若是再出差错，休怪本官无情。"庄屋

们随即下拜，口称："只要代官大人不再私下授意，我等绝不会再出差错。"我思忖这处不会再横生枝节，翌日便前往代官所谈判。

驳倒代官

应对代官，不可照搬与庄屋谈判之法，我稍稍故作郑重，对代官说："在下此前连日劝导却无一人应征，或因言辞间有不周之处，我欲自明日起重新劝说。关于此事，在下有言在先，此番公务，一桥公有深谋远虑而命我前来。想必各位已知一桥家无一兵一卒，亦知一桥公如今任京都守卫总督，若如以往一般不执一兵，则难尽守卫总督之职。虽说急切招兵买马如同擒贼搓绳，但军备一事，终是有胜于无。因此，至少集结领内子弟次子、三子当中有志之人，组建军队，若军队建成，则万一之时有用武之地。在下不才，但受命为步兵取立救使前来此处，连日来多番劝说，却听庄屋回禀称无人有意应征。究其缘由，不外乎确实无人有意、在下选人之法不当，抑或是各位代官老爷平素教化无方罢了，还请各位老爷三思而后行。若想着此事会因在下失职辞官而不了了之，各位可就打错算盘了。在下到底是领了重任，千里迢迢来此地公干的，既然着手了种种事务，如若使命未达，我须得摆明证据以表明情况，那时便不知要如

68

何麻烦各位了，只怕上头以为各位平日教化无方，玩忽
职守。明日起，我会再次劝导，各位也向主事庄屋以外
众人详陈利害，否则，或许生出妨碍公务的事来也未可
知。在下仕于一桥家乃近来之事，并非长年食此家之
禄，然而一日食君之禄，同藩之籍，在下便不得不秉持
衷心说这番话，既是预先提醒，还望各位深思熟虑，再
行答复。"代官听后也面露难色，辩解称，自己已知详
情，已向村民严正声明，此番定会更加郑重。

夙愿得偿

翌日起，我再行劝导。此番应征之人接连涌现，不
日我便在备中征得两百余人。加之有人举荐"我村还
有个如此身材魁梧的壮汉""好，可命其为旗手"；"还
有这般豪胆之人""好，带他上路"，最终较计划多征
得二十人。我定下他们离乡上京之日，夙愿自此得偿，
又细查应征人签名等事，悉心详述征兵大意，随后离开
备中，去往播州、摄州、泉州。各地已知备中征兵之
事，故各村尽力推出有意应征者，我一召集、劝导村
民，便不断有应征者前来。不久，此事便了了，我统共
征得四百五十六七人。五月中旬回京复命时，一桥公褒
奖我行动迅速，成此大任，令人满意，并赏了我白银五
枚、应季服饰一套。

此后，应征之人陆续自各地抵京，我将他们悉数安置于紫野大德寺。为练兵一事，军制局内开展了种种商讨。大队长由物头（幕府军队的足轻大将，即步兵队长）之中二人担任，他们大致懂得西洋军制，然而全无总指挥、指挥的经验，局内又调动人员，敲定人选。军制略具雏形时恰是同年七月。至于军队事务，我有时告发、驱逐渎职管事官员，又因军队给养之事殚精竭虑，若一一说来，恐怕冗长，便略过不表。

鼓励产业及发行藩币[①]

殖产兴业之构想

为组建军队，我在领地内巡游，又生出二三计划。我认为一桥家不应再接受幕府大量钱粮，领地面积虽小，但我欲利用经济规律，尽可能增收富民，这恰是我之所长。首先，播州乃上等大米高产区。但每年征收的播州大米，均纳入兵库，而此事一向由兵库总管负责，常为代官疏忽，米价被压得极低。如果把这些贡米卖给滩（兵库县东南部著名的清酒产地）、西之宫附近的酒

---

① 藩币：江户时代，各藩发行、只在自己领地内流通的纸币。——译者

厂，价格将大为不同。其次，播州大量出产白棉花，可谓特产，可我未曾听闻一桥家设法在大阪出售棉花。因此，若能施以巧计，领地内之物产便能增殖，一桥家也能获利。再次，备中的旧家地下开采出大量硝石，有人以加工硝石为业。这也是当时的必需品，或许能找到良策以此牟利。摄、播两州的年贡米只有一万石左右，若能够以略高于如今的售价出售，想必立刻就能换取五千两。此外，若将播州的棉花运往大阪贩售，物产便能增殖，征税渠道也可增加。在备中规范硝石生产流程也是获利途径之一。关于军备一事，一桥家依我之见组建了步兵。但实际上，军事并非我之所长。莫如在有限的领内立规致富，给一桥家增收来得有益。

旧话重提，此前我为组建步兵在内巡查时，虽说都是寻常之事，但我以为褒奖地方名人、孝子义仆乃地方政务之重。我在途中一番打听，找到了以前述兴让馆阪谷先生为首的地方善人十余位，其中还有备中孝敬父母之妇女、年老体健之独身者、摄泉藩精于农业者、有功于地方者。回京后，我将褒奖一事俱陈用人，快速得到采纳，一一褒奖众人。尤其是阪谷公，被招至京都觐见主公，大受嘉赏，主公还给予其学校援助。地方上皆赞颂一桥家之德行，涩泽来后善政增多之议论也日益增多。

出任勘定组头

如前所述，更改贡米的征收办法、以播州棉花为特产做文章、在备中开设硝石制造厂此三条建议得到以黑川为首的众用人的大加赞赏，即刻受命于我。然以我当下之身份，行事多有不便。众用人便商议命我出任会计相关的职务，当年（庆应元年）秋，我转任勘定组头，俸禄变为二十五石，七人扶持，在京都期间月饷二十一两，兼任御用谈所出役，在各藩有事之时出勤，同时奉命平常在勘定所出勤，负责其政务。说起勘定组头的性质，虽然之上设有勘定奉行一职，但依照幕府的惯例，勘定所的要务大多由组头掌权，一桥家也沿用了这一惯例，因此组头是相当重要的职位。尤其是我在此前提到的领地改革中必不可少，是由用人商定任命的组头，不仅在勘定所内得到了极大的重视，用人们也认为我十分擅长理财，私下授意命我彻底改革一桥家的财政。我自己也认为即便眼下没有良策妙案，相比为兵制费口舌，理财才是我的长处。凭着这份自信，自此我便开始构思彻底整顿一桥家财政之法。

此后，我再度前往领地，先往兵库详细定下年贡米转售之法，再往备中规范硝石生产流程，流程虽已定好，却未见大用。然依我所定下之米粮转售法，一石年贡米可作价高于市价五十钱，一番筹划终是有所收获。本来一桥家领地上缴之米多为良米，故我改弦更张，令人出售酒坊的原料米。至于播州棉布，便是由公家用藩币收购棉花，送往大阪批发商处，再由批发店转卖棉花，所得钱两收归大阪交易所。大阪交易所的批发店设于播州今市，距今市约四里之物产交易所收集产自印南郡、多可、加东、加西（四地皆在今兵库县内）等郡中的大量棉花，再卖到大阪换钱。此外，按村民所愿，今市交易所用藩币交付收购棉花的钱。村民只须申请，即可用藩币兑换金钱银两，因此大阪办事处内常备足量的金银。将换来的金银存放于稳妥之处，一来可待金银升值，二来可令纸币流转，故而藩币十分流行。

　　彼时，藩内纸币盛行于诸藩，但其大多难以兑换，使用不便。而一桥家深谙其弊，首要之务便是充分留意兑换本金，确保真金白银绝不另作他用，打实基础再发行纸币，因此一桥藩内纸币毫无弊害，一匁[1]便有一匁的价值，十匁便有十匁的价值，币值不贬，使用便利。藩内起初计划发行十万两纸币，最终先试发行三万两。不过，规划此事、制定发行程序是在丑年（庆应元年）秋，而纸币实际流通之时已是同年冬，到了寅岁（庆

---

① 匁：日本江户时代货币单位，金1两相当于银50~80匁。——译者

应二年）春，纸币流通方见成效。此后，我又不断为一桥家财政尽心尽力，为增强藩力出谋划策，不过，此间有一不快之事。

乃是寅年秋，德川十四代将军家茂公薨逝，一桥公继承将军家业一事。表面看来，我由此得以晋升，随主公入幕为官，实乃一大幸事。然此事于我，实则不幸之至。自此，乃有远赴欧洲之变。前事种种，今夜不可尽言，且告一段落，留待卷三详述。

《雨夜谭》卷二　终

卷　三

青渊先生口述　门生笔记

今夜继续谈谈我的人生经历，先接上回未尽之话，再谈我第三阶段的境遇变迁。上回说到，我仕于一桥家后，受任步兵取立敕使，巡视备中以及摄、播、泉三州的一桥家领地，募得约五百兵丁后回京复命。巡回各地期间，我于经济建议之上已胸有成算，即年贡米销售办法、播州棉花买卖与备中硝石制造三事。此三者改良方案，均被一桥政府采纳，我又暗中受命，在这三项事业以外参与范围更广的财政改革，晋升为勘定组头，主理会计事务，兼任此前负责的御用谈所公务及诸藩藩士交际工作。在着手三项事业，发行藩内纸币时，前将军薨逝，由一桥公接任将军。今夜便从出任勘定所之事细细道来，当中或有冗赘之言，还请见谅。

着手三大事业之改革

正如前夜所述，我转任勘定组头后，仍兼任御用谈所之职务。入勘定所后，方知其工作量之大。虽不可作比，然此勘定组头之职，好比如今大藏次官。各藩勘定所皆有前例旧俗无算，新人初来乍到，一二月间，欲要牢记旧例，也并非易事，更遑论改革旧例，其间遭遇之难事，绝非一二可言。说到这一桥家勘定所之构成，有勘定奉行二人、勘定组头三人，余者平（普通）勘定与添（助理）勘定数十人，御金奉行、御藏奉行、御金方、御藏方及勘定所手付等共百余人，且管辖领地的各代官所之差役皆由勘定奉行统领。此官衙之大，非我一己之力可以使其改头换面。然我誓要改革藩内财政，便要使账目盈余，并以此整顿军备，并大力改进日常事务。故而我也与奉行大人密谈，透露自身考量，与同僚或下属亦事无巨细地进行商议，譬如此事作这等处理可好、彼事作这般改进如何，甲事与乙事可合并处理，丙事颇为繁杂，可分摊给丁之闲职，执行方面可更为便利，又合乎道理，如此种种，致力改革之时，前述三大事业改革之事终于得以施行。首先，我前往兵库，立兜售摄播缴纳年贡米粮之法。兵库设有藏宿，按一定的市价收购本藩贡米。然此间一应事务皆由大阪代官管辖，有甚者，为贿赂代官，将米粮以低于行情三成之价售卖。此时交易与定价权皆为仓库所有。然依我之见，摄播两地之中，一桥家领地土地肥沃，故贡米也理应为良米。若将此良米货与滩地之酿酒厂，获利较之先前必会高出一成。恰巧仓库有一男子名为东实屋某某，小有才智，认为此番改革颇为有利。故我与其商谈，推行将原料米货与酿酒厂之法，此法立竿见影，一两米粮较之上年售价高出五成以上。然我已记不得当时行情几何、净利润多少。接着，我前往备中，创立硝石制造所。先时我曾因招募步兵前来此地，结识剑客关根，其人深谙硝石制作之法，我便任用其人，又向当地主要农户宣讲该事主旨，资助他们少量本金以鼓励硝石生产，并约定如若可制出成品硝石，一桥家定以一定价格收购。如此，我成功开设了四家制造所。

其后，我又前往播州，着手立棉花买卖之法。棉花本是播磨之地重要产物，如今东京所贩漂白棉花，多产自播州姬路。一桥家之领地年产量仅有二万石，村庄之内棉花产量自然也可想而知。而村民大抵将其自由贩往大阪，并无其他方法或政策。然姬路有藩法，将领内棉花全部集于姬路，于此地漂白，后贩往大阪与东京。故以一反①棉布作比，姬路之棉价甚贵。然毗邻村落，则为一桥家领地，棉价甚贱，产量亦相对较少。有此棉花丰产之地，人口也甚众，只要努力劳作，本应丰产。棉

---

① 反：日本纺织品长度单位，1反约为一人份衣料长度。——译者

花为姬路物产之一，然一桥家领地狭小，难以将棉花大量生产，实乃遗憾之至。若要将棉布作为当地物产之一，先要从生产者处高价购得，再运往大阪、江户等地，尽力压低价格出售。开辟此种销路，棉花生意必定繁盛，必能增领地之富。又借贩卖之机，发行藩币，以其流通，谋买卖之便。

发行藩币

所谓藩币，相当于今日之纸币。是时，藩币流行于九州、中国地区各藩。以纸币代金银，乃是经济上一大事件，我也曾听闻数藩皆有发行纸币，故不以为怪。是时藩币之中，长州及肥后、肥前之藩币可通用，而姬路等藩之币不与他藩通用。偶然持有这等藩币，一束也换不得豆腐一块，故其在藩内流通时会贬值数成。譬如百匁藩币，交易之时其价值只得三十。藩币面值，仅为虚价，实价随行情变化。我往返备中之时，途径备前冈山，获藩币若干，却因过境后无法使用，只好在该领地之内购入无用之物。

藩币价格如上述一般低廉，只因与真金白银兑换不畅。诸藩兑换所时常关闭，又时常中止兑换。更有甚者，一些司掌会计的官吏到外藩使用藩币，以图榨取相应的利益。藩币的信用跌入谷底，正是出于这些原因。

我仔细观察这些现象，认为实在愚蠢至极，纸币与金银相比无疑方便许多，做好金银的兑换储备，使用纸币才是方便之法。然以盼纸币烧毁或他人纸币丢失之贼性使用，实在可笑，乃是以公谋私，用藩中货币谋取私利。若不具此等贼性，扎实推进藩币流通，一桥藩币必能大为流通。我于此事之上，向来无甚学问与经验，也未曾听闻海外纸币流通方法，改革乃是粗略规划。如今想来，此次改革暗合经济规律，故而有如此成效，又思及藩币发行易出之纰漏，扬长避短，故可得扎实流通纸币之裨益。

播州领地之中，盛产棉花之地乃印南郡。其郡内有一今市村，设有藩币兑换所。原本盛产棉花之地，乃是今市村以北二三里外各个村落。今市村多富户，住房相应甚多。至于兑换金银之储蓄，仓储之外，另有他法。加之此地向各方运输最为便利，故将会所定于此处。今市附近，有一地名为高砂，便是名胜尾上之松所在之地。且附近曾根村有广为人知的曾根手枕之松。至于藩币发行之法，即向棉花商人适当发放纸币，用以兑换棉花，即货汇借款。若商人欲要亲自将棉花贩至大阪，便可将先时以资本兑换之藩币以面值金额于大阪缴纳，再换出棉花。若是欲委托会所贩卖棉花，只须在会所办理兜售手续，于销售额之中抽取一定数额付与发放纸币之会所，抵消藩币费用，在此期间，会所可赚取少许手续费用。

新计划成功

藩币兑换定于今市村的会所进行，其储备金则存于大阪、今市两地。大阪部分存放于当地豪富之家，可赚取利息。如要发行藩币一万两，其中有五千两供给今市，另外五千两交予大阪出资方，约定提前三十日通知再行交还于藩。出资方除金堀、外村、津田外另有两家，此五家富豪在二十二家兑换组中占据主力位置。从最初置办藩币发行事务的资金到其他一切费用，皆由这五家筹措。勘定所分毫未出，只是准许此事而已。

最初预计发行藩币三万两，然实际预算达到十万两，依其情况而定甚至预计发行二三十万两。虽计划已定，但安排藩币纸张制造及板木雕刻、修缮今市交易所、确定大阪办事处等都颇费时日。丑年（庆应元年）秋冬，我在播州、大阪度过了半个年头。犹记丑年十二月至寅年年初，发行计划终于得以实施。所幸进展顺利，发行金额在三四月间恰好达三万两，兑换也极少。同时，也方便棉花买卖。起初对新法存有疑虑的领民至此均安心怡然。其间京都发来公文，奉行称藩币之事已步入正轨，可交由他人处理，命我回京。我将诸事交代完毕之后，于寅年三四月回到京都，日日出勤勘定所，处理会计事务。

仕 官 幕 府

征伐长洲之议

在此之前，德川十四代将军家茂公上京，寅年夏季留在大阪城。子年（元治元年）秋，长州藩毛利氏违抗朝廷命令，公然朝皇宫开炮，且蔑视幕府。先帝，即孝明天皇龙颜震怒，敕命幕府征伐长州。幕府便大举催促各藩出兵，由尾张大纳言担任总督，开始征伐长州。但大将军令不行，各藩也不同心勠力，总之大军徒劳而不收寸功。故而今年幕府亲兵与谱代大名部队合军一处，即以幕府一军之力再行征讨，然而长州兵势强盛，幕府出师不利，芸州口之战等连战连败，幕府兵节节败退，总是进展不顺，不见实效。朝廷下令催促幕府速速征讨奏功，最终由我主一桥公承担了征伐长州的大任。此役于幕府而言至关重要，如若失败，本已衰微的势力更将逐步倾颓，德川天下必气数穷尽。所以一桥公奋然亲自出马，期盼成败在此一举，担负征伐大任。

此时正是庆应二年寅岁之夏，事已至此，虽尚未熟练，但去年春天设立兵制组编步兵队，就是以备紧急之需，府中官员也曾提及此事。此时我也奉命跟随去征伐长州，从勘定组头荣升为御使番格。如之前所述，我自从被任命为勘定组头之后便一心一意地为一桥家的会计整理而尽力，致力于勘定所的种种改良，如上所述主公亲自出马，我也不甘胆怯怕死落于人后，便勉力请求从军，愿效命于鞍前马后，做好了牺牲的觉悟。然而就在这一间隙，出了一件大事，停留在大阪的将军家茂公突然薨逝，一桥公征伐长州之事也因此作罢，反倒是老中周防守板仓胜静、大目付玄藩头永井尚志等来到京都，劝一桥公继承将军大位。

庆喜公被拥为十五代将军

此番继承将军大统之事，曾有诸多讨论。原本，一桥公被立为幕府储君，彼时乃安政之初。十三代将军温恭公（家定）生前已于京都暗中传谕，务请将一桥立为储君，但时任元老扫部头井伊直弼忌惮一桥公贤能，不仅违抗朝命，甚至因此幽禁一桥公。最终由家茂公自纪州入京，继承温恭公的将军之位。有如此一番经过在前，加之时势日渐紧迫，德川幕府危如累卵，此时一门之中无人适合出任将军。故而如上所述，众人一致推举一桥公，一桥公继承将军大位之事方才始见眉目。

陈述异见

我和喜作闻言都表示反对。然而，当时黑川嘉兵卫势力衰微，原市之进为用人之首，此人出身水户，曾任弘道馆教头，颇有汉学才能，世人称他才能出众，明辨是非，与黑川截然不同。我此前便与此人交情甚笃，有关此事，曾频频同此人谈及一桥公不可继任。所谈大意为："今日之德川，有如根基立柱动摇、屋顶楼房腐朽之房屋，绝非更换立柱便可修缮，如要革新，唯有改造。如想折中，改梁换柱，反而会加速其溃败，不如就此搁置腐朽之处，从旁修建辅柱，以姑息维持。不过，辅柱亦无以为继之日，此屋只得溃败。无论何等明君良主继任，都难力挽狂澜。即便贤明多才的一桥公继任，凭他一己之力也难有作为，或许反而会加速灭亡。毕竟如今世人皆以幕府役人为恶，虽不至于注目之处，众怨所归，但倘若今后贤明之君继任，这种感觉将显著增强。试与吾人一家之事相比，主人不在抑或染病，稍有差池仍可宽恕，但主人俨然在家之时，下人略有过失，便要责罚注意不周或失敬无礼，此事亦然。而今一桥公承接大统继任将军，宛若置身死地，实为失策之极，岌岌可危之事。因此，我欲恳请主公切勿继任。我等以

为，幕府虽危如累卵，若要苟延时日，则须一桥公辞却
继承大位之事，从其他亲藩中挑选幼弱之人继任将军，
一桥公居辅佐之位不变，依然执掌京都守卫总督之职，
如此才是两全之计。然而要完全尽到这一总督大任，无
论兵力还是财力，凭目前状态毫无用武之地，所以宜趁
此机会计划在畿内或附近地区，增加五十万或一百万石
的封地。"我举实引例，再三进行劝说，原市之进本来
也十分清楚天下形势，认为我所言极是，说："足下言
之有理，若如此考虑，可去主公面前禀明此意。"于是
我立即请求拜谒主公，详陈意见。然而次日，主公却应
了板仓、永井等人的请求，马上前往大阪，这次拜谒之
事没能实现，我遗憾不已。

转任幕臣

如上所述，一桥公决意继任将军之位，将此事布告
藩内，我等虽知晓此事，却实为叹息遗憾。时至如今，
我也觉得当时心中实是失望之极。此事若按常人所想，
自身侍奉的主公继任将军，或许就能升入幕府成为高
官，可谓前程似锦，理当庆幸洪福，欢天喜地。独我二
人时常相聚商议，"大事去矣，今后该如何是好，重新
做浪人吧。""不，且慢，做回浪人也无前途，虽说这
般，也不能长此以往，既已出仕一桥家多活了两三年，

今后应当再效死力。""一桥公今日继承将军大位，我等已然无望，虽说贤明，但大名终归是大名，也没办法，即是说我等建议也并未深得其心。""既然劝谏不行，不得已也只有离去。"等等。及至八月，一桥公终于继承将军之位，我等也被召入幕府，位列幕府臣僚末席，一桥家家臣中的重臣，原市之进、梅泽孙太郎、榎本亨藏等人，或按御目付、或按御使番之等级转任各自职务，我等本来就职位低下，便被安排了御目见以下职务，称作陆军奉行支配调役，在幕府供职。如前所述，由于大失所望，工作也全然心不在焉，早上也不早早出勤，只是读读书本，以往昔英雄豪杰为友，说说大话。

此际回想，自我出仕一桥家以来，已历两年又半，其间所言得以采用，苦心经营，令军制初现雏形，另有会计等事，如今全都化为泡影，实为遗憾。唯独勘定所事务仔细交代给了后任者，还留下了当中藩币该如此处理、贡米当这般置办等意见，而后离开了一桥家。我等在大阪成了幕府的官僚，只是在旅舍中摆官威，之后新将军御登京都，我等随行，每日出勤于陆军奉行办公处旁。那处有同僚十四五人，组头一人，名为森新十郎，小有才能，还有些老江户习气。我本就快快不乐，因而供职亦不勤勉。其间还遭遇一意外之事。

奉命逮捕大泽源次郎

此事有关时任御书院番士之大泽源次郎，此人在藩头手下负责禁中警卫，留居京都。此人有叛国谋逆之嫌，故而京都町奉行须就此事与陆军奉行交涉（大泽乃御书院番，却也是禁中守卫番士，归陆军奉行管辖，因此有此番交涉）。然有传闻称，大泽同谋者甚多，枪炮兵器齐备，故陆军奉行亦无法轻易处理此事，可谓一番轩然大波。

只此一事，幕吏之怯懦便暴露无遗。最终，幕府委托新选组逮捕大泽，然大泽是陆军奉行手下的人，须得派查案组头或调查员代理奉行前去查案，再从中派人随新选组开展逮捕。可组头向来柔弱且善耍小聪明，自是不愿出任此职。互相推诿中，有人提议称，涩泽本是浪人，不惧麻烦，命他去吧，这苦差便落到了我头上。不过，我确实对此种事颇有兴致，如此正合我意，便爽快领命了。我又问组头此案应如何处理，组头却说："那大泽本归陆军奉行辖下，你只须与新选组同道前往，以奉行之名查案，若大泽确有可疑，绑去盘问，加以问讯，随后将他交给新选组，由新选组押送他到江户即可。"我听后只道"此事不难，这就到京都町奉行官邸去与新选组队长近藤勇接头"，便直奔京都町奉行官邸，与近藤面谈。是夜，在新选组六七壮士保卫下，我宿于北野附近某户中，探查大泽动静，得知大泽投宿于北野一带的寺院中，又知他当时恰好外出，不久便归家。片刻过后，侦探来报，称大泽已归家。新选组壮士请命："让我等杀入寺院，抓捕大泽，以完成使命。"我断然拒绝："此举不可！"壮士们又称："此计早在町奉行所官邸之时便已定好，有何不可？"我又驳道："若依此计行事，我之职务便形同虚设。虽与组头有约在先，但我既已受任，就不会认同这违心之事。说到底，我方为正使，奉行之命未传，大泽便不是罪人，既非罪人，你等便不得捉拿他。由我代表奉行见那大泽，以他有叛国之嫌为由，宣称要将其捉拿，你等再速速逮捕大泽即可。""逮捕后再由你宣判又有何不可？""逮捕后再宣判自是不可。""若大泽早有准备，在宣判之际挥刀砍你，你待如何？""此事万无一失，不必担心，若他砍我，我亦有砍他之意，对决一番便可。"壮士们仍是怀疑道："足下当真？""这问的奇怪，我并非那纨绔武士！"我与新选组壮士们半分玩笑半分真地争论一番，而后一笑置之。最终，由负责护卫的武士在门前待命，我与近藤勇一同进入寺院之中，问大泽是否在寺中。此人并不如之前我等商讨预测那般警觉，似是早已睡下，这才身着寝衣，睡眼惺忪地出来。我向他传达了奉行之命，没收其双刀，将其擒拿。至此，我使命已达，由新选组将大泽源次郎移交町奉行所。是夜三时左右，我返回奉行旅馆复命。时任奉行乃是今之沟口胜如氏，时为伊势守，素闻其慧名。此人毕竟是治世之吏，十分挂心这等小事，不眠不休，待我前去复命。我一一禀报了擒获大泽的经过，奉行听后大喜，连声赞叹我堪当使者之任，当即赏了我呢绒短外褂。

怏怏不乐

然此乃一时之事，完结之后，再无后文。如前所述，我之境遇日渐不如人意，对时世日渐无望。于是深思熟虑，笃定德川幕府一二年内必定崩溃。若是用心不谨，继续做幕府家臣，既不受重用，又不见恶于上，定会成为无可无不可的亡国之臣。故除离去之外别无他法。至于离去之后作何打算，我颇为烦忧，却无计可施，故不可急急出奔。我仕于一桥家之时，曾多次拜谒主公，可主公继承将军大统后，我屡屡求见未果。然原市之进之流进言不过隔靴搔痒，无法尽力辅佐主公。我颇有怀璧被夺之感，种种怨念渐生。然而，因循守旧则必将沦为亡国之臣。我束手无措，心中做好了不久之后复为浪人的准备，彼时正是庆应二年十一月左右。

外　国　行

法国行之密令及准备

然而，是月二十九日，原市之进处突然来使，令我前去相商要事。我当即前往，原市之进称："无他，只是一八六七年法国博览会一事。届时，各国帝王齐聚，故法国公使进言，日本亦派大君亲属前去。种种商议过后，幕府敲定由水户民部公子参会。此事自有外国奉行随行，然将军又令公子于博览会典礼后留法学习。公子此番留学，至少五至七载，因而随从不可过多。然而，向来追随民部公子之水户众人反对御命，不愿公子只身被遣外国。幕府无法，便只允七人随公子同去。那七人本就无志于洋学，如往昔一般，只视外国人为夷狄禽兽，不知变通，食古不化。若仅由这等人侍于公子左右，此行前程无望。固有民部公子之御傅役，即幕臣石见守山高信离奉命随行，然有水户七人相伴，实难令公子修习学问。对于此事，将军以为，'笃太夫埘当此任，若此人随行，将来有望'。在下敬服将军选贤任能，已领命向足下详陈圣意。足下快快领命罢。"我闻言无比欢喜，暗忖，人确有意外之幸，便爽快回话：

"在下领命，但听派遣，千辛万苦，在所不辞。"我又问出发时日，原市之进答道："如此说来，应是此岁之内，足下须得于一月之内准备齐全。方才所说外国奉行之向山（隼人正）届时自江户直接出发。而御傅役之山高已至此地，凡事，足下与之相商便可。另有水户所派随行七人，菊地平八郎、井坂泉太郎、加地权三郎、三轮端藏、大井六郎左卫门、皆川某某（源吾）、服部润次郎，足下亦与他等来往，再打点行囊罢。"我对此番西行之命大为欣喜，也书信告知了身在故乡的父亲，但喜作此时正押送大泽源次郎前往江户，羁于旅途，不知何时归来。但毕竟是最初就誓同生死的至交友人，我想在前往海外之前务必见面一次，于是发出急信，写下此番受命之事始末，"望仁兄尽快归来，万一归迟，或将错过，恐不得相见"云云，此后便一心为外国行做准备。

我不过一介孤身书生，行李简易，只购入黑纹双层小袖短褂、缎质义经袴一件及一双鞋。那鞋在今日看来极其寒酸，便是赤贫车夫也不愿穿的。此外，还有一件从前大久保源藏在横滨购来的旧燕尾服，想是酒店侍应穿过，到手时既无衬裤也无马甲。如今想来，实在可笑。彼时不懂仪容，亦无人指点，我只随意收拾行囊。随后，我结算了京都的房租，收拾衣装用具等物，准备大抵就绪时，喜作自江户归来，与我见面。我把此前经过细细说来，又说："我实在幸运，得此命令，仁兄却处境堪忧。不过，仁兄不可再度沦为浪人，还请但听天命，谋个庆喜公身侧之位。然而，德川幕府已是时日无多，必须有做亡国之臣的觉悟。当然我此去海外也是同样，你我二人最初是为打倒德川幕府而远离故乡，但今日身居此位，也无法突然转变，只得甘于亡国之臣之名，虽如此亦不愿于穷途末路做有失体统之事。我漂泊海外，仁兄居于国内，两地隔绝，但值此末路，我二人言行须小心谨慎，以免遭人耻笑，应如有志男儿，视死如归，不使身后蒙羞。"我二人互相商议将来之事，随后诀别。其后，便与朋友故旧逐一告别，不过没有紧要之事，这里省略不谈。

一行之启程

民部公子一行从京都出发时，正是十二月二十九日。庆应三年（卯年）的正月元日便在长鲸丸号中庆祝。正月四五日，我等到达横滨，于那处停留约莫五六日，其间完成种种准备，面见了御勘定奉行小栗上野介、外国奉行川胜近江守等人，又受法籍语言教师比兰之邀赴宴，初食洋式午餐。万事俱备，我一行于正月十一日登上法国邮船阿尔菲号，离开日本。数万里之遥的西洋各国巡回之旅自此开始。我自不必说，那水户来的七名扈从亦是对海外旅行一无所知，我等在船上闹出不少笑话，却也不是要紧之事，此处不再详谈。至于此行之日记，我已与杉浦霭山（杉浦让）合著《航西日记》，此行细节皆载于其中，还请参考。

我既已决意出国，虽此前主张攘夷论、蔑视外国人皆为夷狄禽兽，但现下须得尽快学习外语以阅读外文书籍。另外，我又思及在京都组建步兵一事，发觉与此事相关的，或军制、医学，或船舶、器械，皆不如外国，心中有意汲取欧洲先进之处，于是在船中潜心练习法语。我虽阅读文法书籍，然我本就晕船，船中练习并不规律，故法语学习逐渐懈怠，转而吟诗作对消遣时日。一行人里，外国奉行向山隼人正、外国奉行组头田边太一及外国奉行调役杉浦霭山等人均有文学造诣，尤其是向山，信手拈来，堪称诗人。因此，众人日日斗诗，以慰无聊。一行约有二十八人，船上多为日本人。旅途漫漫，平安无事，时而或于各地停靠一二日。恰于扬帆横滨后第五十九日，即二月十九日，我等到达法国马赛港。

巴黎纠纷

随后，我等为参加大博览会典礼，又前往法国首府巴黎，向彼时法国拿破仑三世上呈国书，受其回信，完成形式之礼。相关事宜都经外国奉行之手，由调役统一安排。我则负责公子的身边琐事，亦负责执笔、确认发往日本之公信。此外，给以山高为首的公子专属用人支付月例、为公子购买杂物等事皆由我一手操办。我看似兼任文书、会计，平日里却极为闲散，因此还欲学习法语，与同行二三人合计后，雇来一名教师。公子及外国奉行等人留宿在巴黎有名的巴黎洲际大酒店，我们二三人则另租一屋，日日请来老师，恳切受教。一月过去，简单的日常用语也说得几句，购物时配合手势亦可交流。

按照计划，公子于博览会典礼结束后巡游欧洲各国。首先是瑞士、荷兰、比利时，其后为意大利、英国，若时机得当，还欲前往德国、俄国，此乃后话。是年的环游路径，由瑞士开始，经由荷兰、比利时，在法国短暂停留，又前往意大利。八月上旬，终于前往瑞士。有关公子随从一事，负责外事的幕吏与公子的随从间还起了一番纠纷。一切皆因此番公子巡游，若外国奉行和御傅役同行，则声势过于浩大。依照外国风俗，即便显贵出游，也以精简人员、一切从简为宜。如此招摇过市，引人注目实在不好。何况公子年幼，何须七八人随从行走？加之众人发髻夸张，手持姬路革皮大刀，在外国人看来必定形容怪异，不甚体面。御傅役山高有意精简随从，将此事告知随从小姓头取菊地，引得井坂、加地、服部等人怒不可遏："此言怪矣，我等随公子前来法国此外夷，不为习其语言，摹其行状，而是奉将军之命，伴公子左右，观各国情状。不论何地，寸步不离，观摩国家方是我等要务，留法治学岂不怪哉。若是如此，那我等起初便不应前来。若是执意将我等驱逐，民部公子便寸步难行。"身在异国，外国奉行和御傅役皆无权罢免随从，便是强行罢免恐也无人听令。因此，山高一筹莫展，与相山、田边、杉浦等相见面谈也无良策。最终提及涩泽，便来找我商议此事。

仲裁纠纷

彼时，除公子和外国奉行外，众人都搬离了前述酒店，于凯旋门旁侧，租下俄国人一家宅，购置家具，施以装饰。请公子等人移居此处后，考虑到此前商议之事，我径直去到外国奉行处。听众人奏明事情原委，我答曰："此事好办。罢免随从，命其回朝，合情合理。山高大人凭御傅役之职权，命他们即刻回国即可。"（山）"好，如此便可快刀斩乱麻。但此言一出，不知其做何反应，不可草率。"（涩）"若其动粗，拿下便是。以武力加害于奉行、御傅役，命其回朝更是名正言顺。回朝之令一下达，我便负责送其回国。不过，依奉行御傅役之意，公子配备随从几人为好?"（奉）"三人。"（涩）"那无须大费周折，三言两语便可解决。如其冥顽不灵，那便毋庸多言，直接下令回朝。"（奉）"确实如此，足下若有何妙计，还请多多费心。能顺利协商解决便再好不过。"我应下此事，当晚便去了菊地、井坂等人的房间，对其说道："此番公子巡游外国，若奉行和御傅役众人随行，既失体面，又耗经费。不如控制人数轮流陪同，其余人等就地留学。"众人似乎都不赞成，我又追问："是否非随同不可?"一名唤加地之人答曰："原本并非大事，只是奉行等人的安排，我等实在不得其意。足下也知道，自公子离开水户，我等始终随行其后，护其周全，因此才擢我等随同出国。然身已至此，竟因留学滞留法国，必要之巡游，却以两人在侧为多，实在欺人太甚。再说经费一事，既安排我等随行，那便有相应之经费，既这般吝惜，不如一视同仁，明明自身琐事也须有人差遣，大行铺张却避而不谈，反倒要求我等节约，此乃轻蔑我等，恕难从命。"（涩）"所言甚是。但何事都有其总管，总管权衡轻重，令行禁止，违抗命令到底是不顾大局所致。今日尔等在此再大唱反调，削减随

95

从一事已是板上钉钉。你们所言也在情理之中，但依外国风俗来看，大队人马不合体面。任何帝王出行都不会如此阵仗。奉行此番欲将公子随从减至二人，也是入乡随俗，而非刻意强人所难。若尔等违抗命令，执意同行，便只能回朝。"（加）"如此，便逐我等回朝罢。"（涩）"我已问过此事，如决定回国，我便与你们一道。"（加）"便拜托足下告知外国奉行"。（涩）"好说，若奉行下令，我便与你等同去。想必各位也不愿委曲求全。"交涉之中，菊地从旁插言："时至今日，直接回国，实属遗憾。"（涩）"不甘回国，听命便是。"（菊）"奉行所言，逼人太甚。"（涩）"此乃尔等不明事理，若觉得奉行所言难以从命，尽管回国，若觉得回国有憾，便乖乖听命。二者必择其一，不必纠缠不休。"（菊）"既无他法，容我等稍事商量，留下三人，其余回国。"（涩）"如此甚好，你等尽快商量，决定谁人留下谁人回去。"如此劝告，商议却迟迟未果。我又提议："照之前计划，每次三人，轮流随从。先去荷兰、比利时，其后为意大利、英国，随从顺次轮换，大家都可得偿所愿。三人随行，奉行应无异议。如此，谁人都无须回朝，大家意下如何？"众人终于点头，商议尘埃落定。我将此事逐一传达至奉行、御傅役，得其首肯，纠纷顺利解决。

留欧期间事务

公子于八月上旬巡游瑞士，随后游历荷兰、比利时两国，于九月中旬回归法国，当月月末，又前往意大利。此行并无外国奉行及相关人员随行。意大利之行于十月末结束，公子一行于当月二十三日返回法国，于十一月初前往英国游历，返至巴黎时已是十一月下旬。

是年春季初至法国时，我须与外国奉行等人熟悉往来，出席博览会、典礼，四处参观，未得片刻闲暇。自八月起，我又随公子游历各国名胜古迹、拜会各国君王，每日趣味盎然、事务繁忙。外国奉行等人于各国巡游前后尽数回国，我终于得空，于十一月末着手留学之事。自此，我欲按最初打算专心修学，便请来语言教师，开始练习。彼时，留法众人包括公子、山高与我，另有那扈从七人，共计十人。助教本是随行人员中的山内文二郎，由他用日语翻译法语。然此人不久后便回国了，此后，便命一名善解法语的少年留法学生小出涌之助辅佐公子。公子每朝七时起练习骑马，九时回到旅馆用早膳，九时半迎接教师，而后修习语言、练习语法直至下午三时。三时课毕，公子还须预习翌日课程，作文、背诵等，一刻也空闲不得。其间，我修书故国、撰写日记，还须打点旅馆内一切琐事，实在忙乱至极。

于异乡惊闻故国政变

各国巡游结束，留学之事也已尘埃落定。又过了
一二月，故国传命罢免山高御傅役之职，由我一人担
任公子下属事务官。此外，扈从中有二人因病难堪重
任，奉命回国。旅馆之中人员因此逐渐稀少。是岁十
月中旬，将军于日本京都还政之传言于法国见报，随
后又有种种详情于报上连载。旅馆内外众日本人自不
必说，便是公子身侧的法国军官（即比克特，公子留
学时法国皇帝所派随从，时常留宿于旅馆，助公子修
习学问）也以为那不过是子虚乌有之事，断不相信。
独我一人向来以为京都形势不妙，早晚会生出大政
变，故而相信报上所说，与他人辩论。不久过后，时
至翌年一月，故国不断传来消息，称将军家于去年十
月十二日还政于朝廷，朝廷已恩准此事，萨长结盟讨
幕。我正担忧局势愈发动荡，三四月时，又接报得知
正月之初，幕府军与萨长军交战于鸟羽口，因幕府军
败走，将军家被迫撤离大阪城，由海路回归江户，示
谕幕府众武士谨慎恭顺于朝廷，而后退隐水户。我身
居海外，与故国相隔数千里，闻此大事，心中忧虑实
在难以言表。彼时，留于巴黎之外国奉行是安艺守栗
本锄云，去年幕府还政一事见报，此人咬定报上所说

是谣言，我反对称消息定非虚言，二人还激烈讨论一番。此后，噩耗渐次传来，栗本大惊失色，问我："为何阁下一早料定此事非虚却毫不惊讶？"我痛批道："其实，一月的下鸟羽之战①出乎我的意料，幕府于军事一窍不通，战术过于拙劣，令我不胜悲愤。我本无资格评论军事，既已开战，却不扼兵库、神户等咽喉之地，只守大阪，又出兵京都，不顾后果起事，最终落得个朝敌之名，不知是无谋还是愚昧，实在令人不齿！"然幕府已败，我一番慷慨陈词也是鞭长莫及，无论如何咬牙切齿、捶胸顿足，也于事无补。

公子留学之建议

如前所述，幕府既已衰亡，今后民部公子留学一事该如何是好，将军家既已表示谨慎恭顺、尊奉朝命之意，即便此时骤然回国，亦无处一展拳脚，索性就此长期留学，至少掌握一门学问，毕业后回国方为上策。然有一事仍须注意，即经费削减。前述御傅役山高遭免职后，仍在法留学，我与之详谈此事，拟从五名扈从之中

---

① 下鸟羽之战：即鸟羽、伏见之战，发生于 1868 年 1 月，日本京都南郊之上鸟羽（京都市南区）、下鸟羽、竹田、伏见（京都市伏见区），交战双方为支持明治天皇的新政府军和德川幕府军。战役以新政府军大获全胜告终，标志着戊辰战争的开始。——译者

勒令三人回国，余下两人，除公子之外，算上我与陪读小童，共计五人，留学经费无需过高便可维持，大致决意如此。民部公子法国之行，最初参加博览会典礼之时，有外国奉行一行陪同，经费亦由负责外事之人筹措，而后结束各国巡回，巴黎留学一事既定，国内每月汇来五千美元，我等勤俭节约则其中大半都可剩余，此外更厉行节俭，用大约二万两作为预备金于当年二月购得法国公债与铁道债券。

其后，再次得知日本详情，乃是年三月。新政府外务官员伊达宗城、东久世通禧二人署名，向民部公子发来公文，言及此番王政复古，令其回国。当时我便同栗本商议："公子回国之事终究无可奈何，此前公子就曾再三向前将军家上书建议。其大意为：'殿下由大阪退居，归于关东，实非明智之举。今之朝廷由萨长二藩把持，出兵讨伐并非难事，如若最初便思量遵奉朝命，行恭顺之事，又何故于鸟羽伏见开战？战断既开，便是骑虎难下，故为今之计，便是依法兰西之谚，所谓成王败寇，断然行事，必能无往不利。'然而此番上言本就无望，不可得以采纳，如今令民部公子回国，在此乱世之间彷徨无措，绝非上策。至少留学法国，经四五年研习，熟学一技之长，再使其回国，尚可有一席用武之处。能身居外国实乃幸事，避祸期间掌握学问修养，实

乃天降之幸。我切望把握良机。而忧心之事，首要便是
金钱问题。于金钱筹措一事，并无良策，只得劳烦仁
兄。如今幕府风雨飘摇，仁兄徒留法国，亦无法行外国
奉行之职责，不如速速归国，同专掌会计之人商议，不
论幕府如何混乱，筹措四五万两资金想必并非难事。且
现今尚有二十余名生员留学英法，想必今后幕府也无暇
顾及对其资助，不如早早命其归国。生员归国，旅费之
筹措亦须费心，此等钱财可暂由民部公子之预备金中支
出。唯愿仁兄早日归国，谋划寄送钱款一事。"如此反
复叮嘱商议，栗本终是表示赞同。

留学作罢

栗本归国后，留法学生与其为首之人栗本贞次郎商
议，从民部公子的预备金中支付旅费，全员归国。至于
英都伦敦之留学生，我则问询川路太郎、中村正直二人
归国之事，得知其先前并无政府资金支持，无奈只得向
英国政府请愿，申请归国旅费。英国政府答复，可以帆
前船经由好望角送留英学生返日。我便速速赶往伦敦，
面会川路、中村，令其取消前述请愿，谢绝帆前船一
事，言明留英生员旅费同样由公子之预备金中支取，令
其一道乘法国邮船归国。今之清国公使林薰、文学博士
外山正一等人皆在这批留英生员之列。

栗本归国乃是年三月之事。我翘首企盼其人遵照约定，寄来资金。然直至六七月份，依旧杳无音信。而及至四五月，皆有收到幕府勘定所寄送之资金，每月五千美元，支付英法留学生归国旅费之后，亦足可支撑公子两年留学。万一用尽之时国内仍未汇款，便立即变卖馆驿，寻一蜗居，蛰居其中，再削减人手，公子与我以及另外两人也可维持四五年，亦足够修学。为额外再准备些许留学费用，我曾向家父去信，请求汇款，但不久之后一桥公在日本水户去世，民部公子继承爵位，先前回国的随员井坂和服部两人为迎接公子，当年九月来到法国，公子留学之事已经毫无企望，不得已着手准备回国，辞别法国皇帝，从与外务省谈判、旅馆的处置，到变卖诸般器物家具等，当时在巴黎，幕府委托了名誉领事弗罗里赫拉尔特，托其悉数处理。总之，我欲回国后亲睹幕府的衰亡之态，并决定自身今后的去向，九月末离开法国，一路航海平安无事，于十二月三日抵达横滨港。今晚便到此为止罢。

《雨夜谭》卷三　终

卷 四

青渊先生口述　门生笔记

　　今夜继续讲述我之生平履历。上回说到，我等山穷水尽，不得已决定由法归国，于明治元年十二月初抵达日本。赴法一事，皆因一桥公继任将军。我在一桥家颇受重用，稍有所成，主公便受命继位，乍看荣幸之至，实则履薄临深。我随主公入幕府，任御直参，一身荣达，却与寻常小官无异，着实难有所为，与我将来晋升幕府要职之志相去甚远。且不论我个人如何，幕府难以为继，便令人失望至极。所幸我奉命随民部公子赴法，既避故国祸乱，又晓国外形势，还得修学之道。此无二良机，令我大为欢喜。唯故国之忧思难下心头，幕政衰微至此，大局必然有变，若是如此，政体该如何变化？是时，我便思忖，不管如何深思熟虑，随政休变化，与外邦之交际便会日渐加深，既已发觉此事，今后西学之用便愈发凸显。故自留法之日起，我便规劝公子："宜从今日立下志向，勉力修行学问，为保来日故国需西学之才时，归国之后可有用武之地。"我亦一心励学，可尚未精通法语，只可通读部分语法书，故国政变便起，朝廷有命，令我等归国。故及早归国乃识时务之举。然我思及，单由留学一事观之，公子乃是留法修行学问，故不可过分苛责。我等种种谋划，俭省经费，为长远留学筹谋至深，而公子须得继承水户家业，故万般经营，尽皆化为泡影。故断留学之念，无奈之下，早做归国准备。踏归故土之时，乃是明治元年十二月三日。

归朝及形势大变

归朝

我们归从幕府不久，便留洋海外，其间主家颠覆。待我等归国，不仅江户已变作东京，万事剧变皆出乎意料，幕臣有如丧家之犬。抵达横滨时，我等身份遭管理官员多番盘查，所见所闻皆使人不快。终于上陆，杉浦爱藏前来相迎，对我等亲切关怀。此外，水户藩也来人迎接公子，他们直接前往东京，我则清点船上的公私行李，当晚宿于横滨，与杉浦一同拜会横滨友人，暌违已久，端坐于日式房居之中，品尝故土菜肴，与友人追忆往昔岁月，失意如我，亦能感到些许愉悦。

航海中听日本传闻

言归正传，公子一行离法以来，于航行途中并无甚不便之处。于各处锚泊之地，有人登船同乘，向此等同乘者探听故国传闻，便是我等第一要务。邮船停靠香港之时，我初次听闻会津陷落之事，及榎本率全数军舰进发箱馆一事。又及，先时曾听闻，会津为盟主，与奥羽各藩合纵连横，抵抗官军征讨，终因未能达成充分共识，盟军未得纪律严明，加之将军之兵待命不出，盟军群龙无首，我断定便是兵多将广，亦不足以对抗萨长之雄兵。果不出我所料，抵达香港之后，我便听闻会津陷落之事。我曾从友人处听闻，是时掌水师大全权之榎本武扬，乃是旗本之中人杰第一流，加之其人坐拥回天、朝阳、长鲸、三保诸舰，对比诸藩舰队之力，高下立判。又思及榎本兼具名望与经验，便断定其人定能成事，必不会徒然投降。然行至香港，所闻竟是水师尽皆出动，前往箱馆，我冥思苦想，终不得其法，难以解其战略。穷思极想之际，抵达上海，与长野庆次郎、德国人斯内尔宿于同一馆驿。斯内尔其人，乃是战时受聘于会津藩，因会津陷落前兵器匮乏，故而前来购置，长野则作为通译与他同行，因我与长野乃旧相识，听闻民部公子前来上海，我也随行在侧。他便相邀同行，面会斯内尔。长野称："萨长以官兵之名，宣扬武威，会津任盟主与奥羽诸侯联合应敌，但因兵器不足，我等前来此地购置。"我问长野："我于香港听闻会津已然落陷，此事当真？"长野说："虽无确切消息，但即便落陷，也有诸多余党尚存，必有回旋之余地，况且还有斯内尔等洋人全力协助。"民部公子的进退之事，我们亦有谈及。长野热心相劝："如今莫要直返横滨，携公子前往箱馆，雄踞此处，统领海军，必使士气大振，万望首肯。"其人极力游说，我断然拒绝："真是岂有此理！断不可如此。我岂能将公子置于险境？"

送建议书至箱馆军中涩泽喜作处

如前所述，我返至日本，翌日便与横滨友人会面。我问及箱馆形势，得知涩泽喜作亦在箱馆，又听闻榎本、大鸟圭介、松平太郎、玄藩头永井尚志、壹岐守小笠原长行等幕府重臣皆聚集于箱馆，对地方政事大行改革，逐渐完善军备，即实施充实粮草，而后攻进本州之战略。我乘外国船前往横滨时，就已经得知消息，称箱馆一方万事俱备。但我以为那不过无望空谈，若果真实行传言中的战略，箱馆众人无异于坐以待毙，实在可怜。从古至今，亡国遗臣聚集复辟旧朝之事屡见不鲜，无一不以失败告终。若以迅雷不及掩耳之势，出其不意，攻敌要地，或攻其空虚不备之处，动摇敌势，乘形势生变之机进退得宜，或可侥幸得万一胜算。若依如今传言之战略，到底是希望全无。再看那聚集众人，当中并无遵守君臣大义之人，不过是乌合之众罢了，无论统领是何等英豪，他们或一时俯首，定不会自始至终俯首听令。集乌合之众，足食足兵，从长计议，此等持重战略无异于无力力士于赛区边缘抵抗，绝无可能得胜。现下，箱馆众人有幸把持海军，或出其不备进攻京阪，或攻打东京、横滨，四处出没，攻击各藩要地，亦即以迅电不及瞬目之势快速机动，想必各藩守军将措手不及，防御支援也将徒劳无功，如此人心自乱，天下形势何去何从也未尝可知。然徒有机动之能却毫不作为，只行慎重之计，便是自招败绩，乃下下策。条分缕析后，我当即修书一封，托横滨友人送交身居箱馆之喜作。信中，我详陈前述理由，又亲切谈道："与仁兄阔别已久，本想归国后当面畅谈，不料仁兄已去箱馆，实在遗憾至极。此外，箱馆众人来日下场定如我前文所言，请仁兄向榎本传达信中之意。看今日形势，你我有生之年应是无望再见，务请仁兄英勇战死。"

时隔六年再见父亲

此后两三日间，我打点行装，处理要事，与杉浦一同留宿于神奈川馆驿。时至十二月六七日，我返回东京，一路上探听故土现况，得知维新骚动中有旧友逃亡，又有亲族逝世，种种变动频发。我又问及昔日于故土共谋大事的尾高长七郎，方知他于同年夏季出狱，却已在我归至日本前逝世。去年我前往法国时，令其弟平九郎以预备养子名义继承我一脉，递交过继申请。此乃幕府制度，因前往外国者或魂断异乡，须得定下预备养子以防万一。此番骚动中，平九郎亦随亲兄长尾高惇忠、涩泽喜作等人四处征战，最终战死于饭能馆驿附近黑山处。所见所闻，皆引我肝肠寸断。我再反省自身，发觉自己于万里之外各国巡游，却学无所成，失却目标，徒然归国，而涩泽喜作于箱馆生死未卜，其余挚友大多死伤离散，我只得慨叹世事无常。

我等原想开倒幕之先河，然错失机会，如今反倒位列幕列之末，沦为亡国之臣，实在遗憾。然落到这般田地并非全因我行差踏错，世事如此，我只好宽慰自己此乃时运不济。此外，我自亥年（文久三年）冬季离开故土，已历六年星霜，今年终于回归东京，故欲与双亲相见，一睹故土风貌。我已事先修书父亲，约定于是月中旬回归故乡，不料父亲已提前来东京寻我。父亲所至之处乃柳原一所名叫梅田的武器用具店。我与此店向来交往甚密，便在此处与父亲见面。父亲见我遍历世间坎坷亦依旧无事归来，深感欢喜，又见我因时势变迁落魄失意，便喜中带忧。然父亲毕竟性格严肃，故而当即严词训谕我："你已非吾子，吾不便指导。不过，出于往昔亲情，吾还是要问你将来处世之道。此后，你打算如何安身立命？"父亲问候中饱含深情，我十分感动，强忍泪水回道："现下并无前往箱馆加入败走残兵之意，亦无献媚于新政府谋求仕途之念。我欲先移居骏河，于前将军家隐居处了此残生。然我必不如那旧旗本之流（直属于将军的家臣），乞求静冈藩的怜悯，因此我决心另谋生计，在谋得安生之业之余侍奉旧主。"父亲闻言，似是稍稍安心，又道："你前往海外，离乡万里，因故国生变而归，怕是处处窘迫，安家立业前或缺衣少食，吾便带了些许金钱来。"说罢，父亲亲切地将金钱予我。我深深谢过父亲慈爱关怀："您的大恩我无以为报。但我今日的处境并不窘困，您不必担心。其实，我在京都仕于一桥家时厉行节俭，虽数额稀少，但手上尚有余钱。此外，我在留法期间担任公子随从，无须自己出资，每月只用俸禄置办衣物，其余均节约积存下来，故而目下并不窘困。不过，先前于法国修书父亲，请求汇款，是因公子计划长期留学，我忧心经费不足。如今留学之事作罢，便无须您资助了。"我详述现状，父亲便完全安下心来。我们又闲话家常，并约定我将在近日返乡，父亲便回乡去了。自此二三日后，我回归故乡，与阔别已久的父母妻儿相见，又探望村中近邻，互道平安，一片和乐。停留二三日后，我于十五日复返东京。

亡国之臣自飘零

我与民部公子之亲近，航行海外至留法期间自不必说，近两年来，我始终伴其左右，关怀备至。其间写与一桥公等人之书信皆由我草拟，公子之学业、衣食乃至游乐，无一事不由我把关。此外我经常援引古代贤君良将的嘉言善行，近至其先父烈公的遗留事迹也夹杂谈及，早晚教导，所以我二人关系渐密，公子对我亦恭敬有加，事事征询我之意见方做决定。从法兰西归国途中，他曾推心置腹道："水户藩素来骚乱频多，余归国继位，前路堪忧，眼下藩士中可靠者甚少，阁下归国后不如前来水户。"

归国后，小石川宅邸传来公子口谕。我反复思量，不知日后如何安置己身。我身无长物，承蒙君恩，主公却幽闭骏河；同志友人在箱馆被打为乱党，与官军频频交战；当权者中无一知己，皆是素未相识的公卿朝臣或各藩藩士，抑或是出身草莽的飞黄腾达之人。回首过往，本欲颠覆幕府却反遭其颠覆，亡国之人去路尽失，悔恨万千，茫然无措。投靠当权者、入新政府谋职亦为

我所不齿，遂下决心，虽志不在此，既蒙受君恩，便前
去骏河了此残生。在骏河或有可为，纵无可为，亦无非
回归乡野。

出仕静冈藩及常平仓

静冈行及归朝复命

我心意已决，打算即刻出发，自故乡返回东京，不
日便去骏河。成行前，我梳理在法期间账目，整理行
囊，将水户藩部分移交水户；经申请得静冈藩行政厅许
可，从留法余钱中约取八千两购置武器，作为公子前去
水户之见面礼，余款则清晰记入账目，又打点杂物。至
骏河后，将余款上交静冈藩厅勘定所。彼时我持公子写
与一桥公之手书，奉公子之命，于拜谒时将此前经历详
述主公，确认其一切无恙，如有吩咐再传令水户。信中
大意为"此前于京都奉命留学，学业未成，故国便遭
不测，不得已归国。此番未能亲自拜谒，由涩泽代为拜
见陈情"云云。

东京与静冈相距不远，当月廿日过后，我便抵达静
冈。此时，静冈藩由中老大久保一翁掌握大权，其上虽
有家老平冈丹波，却有名无实，实权尽在大久保一人手

中。此外，一桥公有一侍从名曰梅泽孙太郎。此人与原市之进同为水户出身，共任一桥用人。一桥公继任将军时，他擢升幕府御目付，幕府倾覆至今，他始终担任扈从。抵达静冈后，我直接面会大久保，概述留法之事，传公子口谕，请其将公子手书转交一桥公，大久保一一应允，立即上奏。

愤怒于勘定组头之任命

彼时一桥公正于宝台院幽闭，该处传我前去觐见。到达静冈第三天的傍晚，我到宝台院请安，缓缓拜谒了一桥公，将巡游各国时的情况、公子在法国留学时的状况以及公子在东京对我嘱托之事毫无遗漏地进行了禀报，其后我便羁留旅店，也别无他事，就在街上闲逛游荡。如此过了一二日，到了第三天仍没有收到任何答复，我不知所以，去见梅泽，询问有无一桥公的答复，梅泽说总会有答复，让我耐心等待。到了第四天藩厅突然传令让我前去，我立即前去，却说让我去勘定所。我不明就里，去到之后，又说我身穿和服外褂裤裙不妥，让我穿礼服再来。我回答身在旅途不曾携带礼服，对方却说这是公干，必须身着礼服。迫不得已，我借了他人现成的礼服穿好后前往中老的办公之所，收到了一份令我做静冈藩勘定组头的任命书。可见我与勘定组头缘分颇深。我随即前往勘定所，面会平冈准藏、小栗尚三二人。"受任勘定组头，出乎我之意料。我从法归来，将民部公子手书上呈一桥公，按说应有回信，然向梅泽打听，却杳无音讯。今日有幸受命，此事待复命后再谈。回信未了，恕难从命。在下欲速速向水户复命，还请从中周旋。"平冈闻言，即刻至中老房中询问，归来则说："依大久保所言，复命一事另遣他人，不劳足下费心。藩厅有要务待办，既令你为勘定组头，尽快上任为好，万望见谅。"

我闻言大怒，将任命书挥至平冈身前，愤愤道："既然如此，恕难从命，望您海涵。"便返回宿处。平冈遣来我之故交、当时仕于勘定所的大坪某，命其盘问详情。我对其说："中老、勘定头等官阶堂皇，但你等令我任职乃不通世情。鄙人绝不贪图七十万石绵薄俸禄。若要慰我远洋海外，纵下禄百、七十俵，我亦心有不甘。虽说居高位者总薄情，一桥公或不以为意，去年民部公子访欧，博览会典礼落幕，便得令留法修学。公子自不必说，我等亦励精刻苦，原想学成归朝。然故国遭逢大变，不得已归国。如此境遇，个中遗憾，难以言表。公子本欲亲身前来，自行拜谒，以慰幽思，然不可得，不得已借信婉转陈情，信中未言及处由我陈述。只待早日收到回信，可知其兄无恙。兄弟情深，我不会不

113

察。却说回信由彼遣发，令我在当厅留用上任，此事着实不见半分情意。即便是一桥公下达的这一命令，身边左右之人若明晓人情道理，也不会有这等处置。就是因为聚合了这种事理都不明了的一群人才有此事端，令主公受辱，封地削减，臣下更加偷生乞怜，使尽藩中智慧亦不过谋个百万石的封地。如此迂腐之人汇集于此，静冈不宜久留。勘定组头之事，递交辞呈，亦难泄愤，故当即返还任命书，不肖再说。"我言辞激烈，大坪束手无策："阁下出言不逊，实在令我为难。"我反驳道："我绝不强人所难，大久保也好，平冈也罢，你原话转告便是，若静冈容我不下，自有别处可去。"说罢便催其归去。当晚大坪又来我处："先前谈话，我深知阁下为何动怒，我已转告大久保，然此事另有别情，待大久保亲自与你解释。"

疑念冰释

翌日，大久保唤我前去会面，见面后道："足下发怒亦是情有可原，毕竟足下不明内情。我亦有苦衷，之前觉索性闭口不谈为妙。然我有一言以辩。在下曾询问一桥公，应当如何回复民部公子之亲笔书信，一桥公之意，乃不必劳动笃太夫，稍后由静冈方面答复便可。又谈及于藩厅之中为笃太夫安排职务，平冈言你二人乃是

京都旧识，故有将你安排至勘定所之议。总之，万事皆
为一桥公之决断，为足下所恼实是令人为难。"至于不
即刻回信与阻止我前往水户之缘由，大久保言："水户
已遣人来问足下身份归属，务请足下前往。一桥公有所
思量，民部公子对足下仰慕有加，足下若往水户，定得
重用。如此，必会遭水户众人嫉恨，最终有被害之虞。
便是无虞，足下即非水户有用之人，与之相较，足下在
我藩不可或缺，故不将足下遣去为好。且若足下携寄民
部公子回信前往，则必会稍作停留，一作停留，自会增
进感情。故回信由我方送出。足下因不明前述缘由，认
为自身遭受冷漠对待，实则事出有因。望足下体谅。"
至此，我方知原委，为自身急躁与失言深感惭愧。

　　我知晓了上述原委，对大久保说："我本来就无意
为水户效力，如今也不希冀能去送回信。然而请容我拒
绝就任勘定组头一职。难得贵藩有此厚意，但我已心有
所期，不能在勘定所效力。请容我拒绝。"我再三坚
持，终于免于就任。我拒绝在静冈就职，只因我决心移
居静冈，是为了抛开世事，侍奉前将军左右，然而若这
时出任该职务，就变成了食禄奉公之人。如今天下已变
成了皇政，想必无法期望藩制长久不变。我早已看破局
势，今日若在藩厅奉职，即便苦心经营想必也收效甚
微，纵然我能在藩得到重用成为要人，也不符我平生的

志向，不如以农商为业，平稳地度过余生更安全。

新事业之提案

我抱定前述之志，辞谢勘定组头之职，思及日后移居静冈应从事农商业中何种业种，苦苦思虑之时，新政府许诸藩凭领地米粮借款。这一方法乃是明治维新之时，经费状况窘迫，乃印发五千万余两纸币，以解军费及其他经费之急，然该种纸币于民间流通状况并不理想，故为使纸币流布全国，据各藩米粮定额，出借相应新纸币，每年三分利，以十三年之年赋偿还。盖此方法乃如前所述，为促新纸币流通而设，实为政府之财政方略。我前往静冈之时，曾听人言，静冈藩分配到纸币约计七十万两，及至是年末，新政府共交付静冈藩五十三万两。如前所述，此时我正想在商业中一展身手，便就借贷粮款一事提出了一新方案。

当时静冈藩的勘定组头叫平冈准藏，我早年在京都担任陆军奉行支配调役之时，此人身居要职，任步兵头，与我见过几面。因此我登门拜访，打算面见此人，商量自己心中的新方案。很快我就见到了他，我详细说明自己的经历，又说："前日勘定组头一事，我实在身不由己，因故失礼，不过毕竟我没有靠贵藩的俸禄谋求衣食的打算，只是有感于前将军的厚恩才来此地。尤其旧日志同道合的友人大多或流离或去世，如今唯独我苟活于世，自那以来我只想在仕途之外发展一项事业，借助这一事业为国家谋求些许利益。如今我终于想到一个新方案，因此今日前来拜访，希望贵藩能够参考。

"所谓新提案，与粮款借贷①一事有关。听闻静冈藩所借纸币款额达五十万两以上，若将这笔借款随意用作藩厅的政务经费，胡乱挥霍，则偿还之时又该如何？既然幕府已被废除，王政复古，真正的郡县政治终将实现。若郡县政治得以实行，贵藩亦会新置郡县，届时便不会有余财。加之本藩封地狭小，岁入微薄，百废待兴，开销巨大，恐怕无力偿还借款。再者，贵藩若在政事上破产，则必在财政上破产，所以，当下要务在于防微杜渐。为此，应把所有借得纸币作为额外收入，用于殖产兴业，将这笔款项在周转中所产生的利益充作还款来源。如此不单可以利及藩厅，也能造福地方百姓。静冈虽不是大都会，却也有不少商贾，将借得纸币贷予他们做本金，振兴商业，想来也并非难事。商业本就不是单靠一人一己之力可以振兴之事，当务之急是实行西洋的共力合本法。如果让有名望的巨贾了解共力合本法的便利与益处，本地定能促成若干合本事业。故以所借纸

---

① 粮款借贷：原文为"石高拜借金"，意为按米粮产量借款。——译者

币为基础，与地方资本合流，组建商会，处理买卖借贷之事，必可使地方商业之风得以转变、改善。不仅如此，一旦今日静冈藩开此先河，自然能够传播到各地，成为重振日本商业的发端，请务必采用此案。按照常理，勘定组头负责视察商会诸事。今请任命我来全权掌握商会运作事宜，如此一来，我能从商人中选拔合适的人才分担各部的事务，便能妥善处置事务，以协力同心促成进步，因此请尽快允许成立商会，让我尽一份力。"平冈听完我说的话，说道："我都明白了，真是个有趣的提案。的确，今后的政体可能会变为郡县制，即便不变为郡县制，如果用了借贷粮款，日后无法返还也是一件麻烦事，不管制度如何，必须多加注意。我刚才听闻足下的新方案，认真思索了一番，希望足下能够将详细的方法以书面的形式提出。"我便遵平冈指示，写明详细方略，又附预算书，乃是明治元年岁末。

合本事业之肇始——常平仓

明治二年开春，平冈终于根据前述方略书于藩厅达成决议，在静冈绀屋町择一处适宜的大宅作为事务所，以商法会所之名成立商会，命地方主要商人十二名负责买卖运输。这一商法会所就像银行与商业混同的机构一般，其全体人员由勘定组头管辖，我则以头取之名，主管运营之事。又令勘定所中数名职员任各部办事员，并配备数名买卖运输商人以开展业务。会所的业务大致有：商品抵押之款项、定期与活期存款；为奖励地方农业而从京阪购入米粮肥料，再于静冈市区贩卖；向地方村落放贷；等等。商法会所的启动资金皆是新政府的纸币，也就是所谓的太政官札。当时，这种纸币与金银的汇率随市场波动，一般人不习惯纸币，又对新政府感到不安，因此纸币价格或将暴跌。但我预想，若日后纸币流通，各项物价必然会上涨，所以趁现在尽早把纸币兑换成金银、购入物资应该能获得更多利润。出于这一考量，我与职员及商人们商议，决定在东京购入肥料，在大阪购入谷物。当时正好是明治二年二月，我在当月带着纸币前往东京，购入油渣、干沙丁鱼、油枯以及谷糠等肥料，顺便从故乡把妻子唤至身边。等我回到骏河，已是三月中旬了。

当时，我令办事员矢村小四郎、平岛直一郎二人与御用达松本平八一同前往大阪购入米粮。肥料与米粮之价皆渐渐上涨。只要有利润，我等便出售米粮，至于肥料，则贷与骏河国与远江国（现今静冈县西部）境内，收取相应红利。同时，市内存款也逐渐增加，可谓达成了目标。当年五月，藩厅传来密令，称以商法会所之名、用本藩资金行商有悖朝旨，不论事实如何，须得更换会所名称。经种种评议，商法会所改称常平仓。这一名称为大久保援引汉朝的古例而得，然而因其兼营肥料借贷与米粮买卖，与"常平"本意不太相符，即仅借"常平"之名。

前一年离开法国时，我曾委托当地名誉领事弗罗里赫拉尔特清退民部公子的旅馆租金，变卖家什。大约在当年六月，这笔款项随书信一同寄到了新政府的外务省，我因故被召至外务省，在东京都留了一个半月。我此行是为说明我托人在法国清退的公馆租金和变卖家什得到的货款都是民部公子的私有物，与旧政府毫无关联。不过，说明此事原委大费周章，对方提出各种要求，还要我出具书面证明。不过最终对方还是承认我所言属实，这些都是私有物，我收下了这笔钱款，记得金额大约是一万五千两。此事之后，我便再次返回骏河，为常平仓之事尽心竭力，整顿各项事务，苦心孤诣，期望在二三年经营后将其建成一个稳固有利的商社。

出仕明治政府

官拜大藏省租税司正

然而当年十月二十一日，因朝廷有命，弁官召我入朝为官。当时，太政官中的弁官又设有大弁、中弁、小弁等职，藩厅收到令我担任弁官的诏书，令我速速前往东京。但我此前着手的事务繁多，无法立刻赴任，便恳请宽限半月，无奈大久保一翁严令不可，命我即刻上京。我大为沮丧，只因我一直呕心沥血，商会之事虽新创未久，也已初见端倪，前途一片可观，我正以此作为终身之志，所以如今不愿去朝廷为官，我私下询问大久保可否拒绝藩厅，辞不进京。大久保说："此事绝不可为，如果向藩厅如上请愿，只会让静冈藩蒙受违背朝旨、隐藏有用人才的言论，给藩主造成麻烦，必须尊奉朝命，出仕任职。"迫不得已，我下定决心前往东京赴命就职。

至于常平仓一应事务，我则向众职员交代了我上京之后的各项部署。随后，我便从静冈启程，于当年十二月上旬抵达东京。拜会太政官时，我才意外得知自己被任命为大藏省租税司正。于是，我径直前往大藏省，陈明受任之事。不过，当时我在大藏省无一故交旧友，且于此职务之上可谓初出茅庐，不知该如何是好。我也暗自疑惑，不知是何人推举了我，也不知是何人曾听说过我的名字，此事过于莫名其妙。我决心早日请辞，返回静冈，然而其后四五天，我罹患风寒，就在石町名叫岛屋的旅店中卧床休养。十二月七日，我首次上任，却因毫无经验，故而良策妙计全无。我先是打听了大藏省中有权有势的都是何人，得知大藏卿是老臣伊达（伊达宗城），我便推测他是依仗门第世家才身登此位。其下有大辅、少辅各一人，名唤大隈重信和伊藤博文。听闻大隈出身肥前，伊藤是长州藩人，省内所有事务大多归此二人管理。某日我去造访大隈大辅的宅邸，粗略陈述了自身经历，说："其实我在骏河有如此这般计划，专心致力于此事，今日身居此职毫无经验，颇为为难。我愿早日请辞，尔后提交辞呈，先来陈述缘由，希望速得许可。"

听从大隈大辅所言，决意留任

当日，大隈大辅事务繁忙，无暇与我详谈，令我十八日再次登门。我便拜别大辅，在十八日再度登门与他详谈。大隈言说："请辞一事，莫要再提。足下还是了结骏河事务之后再勤学大藏省事务为好。足下虽自称毫无经验，但若足下毫无经验，便再无有经验者。如今听闻足下履历，果然与我等一样，是为新政府建设饱尝艰难辛苦之人。且不论出身前后，你我本就是同志之士。毕竟建设维新政府尚需今后我等献策、出力、忍耐，尤其是大藏省之事务已略有规划，恳请足下勠力相助。"事已至此，我也难以强行推辞，便说："既如此我也有愚见，还望采纳。"至此我才有意在大藏省奉职。这就是我从法国回国后到入朝为官的经历。

此后，我在大藏省供职期间遭遇了百般变动，有苦有乐。不过，仕途之事，便是已经过去，也不便详述。若是简略叙述，话语便不会过于冗长，就留与来日再说。

《雨夜谭》卷四　终

卷　五

青渊先生口述　门生笔记

上回说到，我起初从贱农商贾之身忽而变为浪人，又从浪人晋为一桥家家臣，远赴欧洲，而后为形势所迫，无奈回国，虽抱定幽居静冈之意，却因朝命难违，如今供职于当今政府。这是我自身变动最多的时期，更因为其间我年少气盛，世间风云变幻，意外之事颇多，所以便是如此话忆当年，诸位听者也可得几分趣味。不过，今夜起我要谈的事变动较少，并不英勇威风，还望诸位耐心倾听。

上回最后提到，我谨遵朝旨，离开静冈，前往东京后受任大藏省租税正一职。关于该职事务，我本就毫无经验，而我原在静冈一心筹谋商会，如今放弃宏愿，更是遗憾。因此，我欲速速辞职返回静冈，还向大隈大辅说明本意，却因其一番恳切忠告渐下决心，暂且侍奉朝廷。只有一事，我百思不得其解，不知是何人推举，让我身居今日此地。

向大藏省推举我之人

起初，我立志颠覆幕府，立新政府取而代之，为此历经千辛万苦。但我突遇急厄之灾，无暇等待政权更迭之机，无奈之下，便侍奉一桥家以作权宜之计，因而终究仰食于幕府。心中不快难堪之时，我得以奉命留洋。离开故国短短两年之内，幕府被倾覆，新政府成立，可谓二三雄藩之力使我夙愿得偿，但我却沦为亡国之臣。现实与我所料想截然不同，我颇感世事无常，如梦似幻。既已落到那般境地，不论初衷如何，我分明是幕府旧臣，身居与新政府对立一方，更何况我在当今朝廷之中无一知己，因而实在不知此番任命是受何人推举。事后打听得知，全因大藏卿伊达宗城（正二位）曾听闻我的名字，另有一人名唤乡纯造，虽与我素未谋面，却也在某处对我略有耳闻，才有此番任命。由此说来，虽有此二人推荐，我也未得朝廷十足信任，因此面见大隈，恳请他允我辞官。然而，大隈与我说道："当今正值维新之时，若要创立真正的国家，须有当世人才以非常之奋勉努力投身各项事业。首先是财政、法律、军务、教育，再有工业、商业，还有拓地、殖民，至于大藏省内一应事务，又有货币制度、租税改革、公债推行、合本法机构建立、驿递、度量制度等，种种要务，不胜枚举。如今着手省内事务之众人想必与足下、与我一般，在新事务上全无知识、经验，所以我们唯有齐心协力，以期前途成功。足下曾说在骏河开展了新事业，可那于日本全国经济而言不过琐碎之事，弃小事，成大局，才是日本国民应有之举。"大隈有理有据，将我说服，我也无法坚持请辞。再者，大隈所言切中要害，我便改变心意，回道："如此，辞职返回骏河之念就此作罢，在下愿为朝廷尽绵薄之力。"而后就此告辞。

在任期间的事业

提议新设改正挂

此后，我再度拜访大隈，说道："此前经阁下一番劝说，在下便下定决心，为朝廷尽心竭力。然而在下原本只在一桥家侍奉了两三年，而后前往海外游学两载，并无实务经验，如今突然忝列朝臣，因而无法分辨大藏省之组织形式是优是劣。但依在下目前所见，阁下先前所说的种种改革终究无法实现。究其原因，只因省内事务杂乱之极，长官、下吏终日只顾当日要事，无暇思考，一到傍晚便匆匆离去。此际若要大规模地、真正地改进省内事务，首先须得设立相关机构，举荐有能之人开展调查研究。因此，省内须设新局，专司旧制改革，新设章程或规范等事均经此局调查，再适时实施，还望阁下准我按此步骤行事。"大隈听罢，甚是认可，坦言道："其实，在下也知，若我等日日忙于杂务，则改革无望，因此早有令专人负责省务改革之念。足下亦有意于此，实在幸运，在下这便速速着手此事。"说罢，大隈当即上奏太政官，当年十二月末，朝廷准奏此事。

改正挂的官员大多已有本职，租税司命我前去，监督司派出两人，驿递司亦遣数人出任，我受任改正挂长官，着手改正挂事务。转瞬之间，时至岁暮，而后便到了明治三年春。要完成省务改革之任，局中需堪用之才，我便再向大隈申请，先后任命静冈藩士中的前岛密、赤松则良、杉浦爱藏、盐田三郎等人为改革官，又推举了文采斐然之人、手艺了得之人、通晓洋书之人入职，局中统共有十二三人。其间，众人各有所为，事务进展顺利，颇为愉快。

着手改良诸事

我首先计划开展全国测量，因此制订了度量衡修正案。另外，租税改革与驿递法改良最为紧急，故而我又尽力留心其法案调查。此外，币制、禄制改革，铁路铺设方案，各官厅建设等事，皆按其急缓商讨审议、订立计划。其中全国测量一事，从实施步骤到经费支取方法，均已详查。处理上述要务均须备齐实施方案，还须向有关机关建言，与之商议。如此，大藏省事务陡增。

铺设铁路之事震动一时，众人议论纷纷，反对者称大隈、伊藤二人身居大藏省，却合谋向洋人借款，一意孤行铺设铁路，有误国家大计。非议者中不乏朝廷之人，我身为改正挂人员，对此极力驳斥，大力推进铁路铺设之事。

至于租税之事，大隈、伊藤以为改革势在必行，故令我详细调查。我身担租税正之职，尽管殚精竭虑，无奈此事甚为麻烦，任谁也苦恼万分，我计划将实物税改为货币税并着手调查。

改革驿递法

当时的另一个难题，就是令人煞费苦心的驿递之法。如今的年轻人或许不知，旧幕府制度中有御传马、助乡制度，各村都深受其苦。我现在说其概略，譬如，有一诸侯通行国道之时，该路驿站须派出大量人马负责驿递，如中山道中，深谷附近几村、距本庄最近几村，连同所谓定助乡、加助乡都须出动大量人马。我试举一例，加贺宰相经中山道去江户参觐时，深谷驿须出民夫千人、马百匹，本助乡十几村须出七百人、七十匹马，加助乡十几村须出三百人、三十匹马，在其通行之时挑运合羽笼、宿驾笼（所谓宿驾笼就是用弯曲的竹子担上木板，上铺软垫，由两人负担的极为轻便简易的轿子），牵荷驮马搬运货物，持长枪长矛，背负甲胄箱。他们所服劳役各异，护送大名小名通行，所得工钱相当丰厚，可作农闲时之补贴。当初江户开幕，命沿途各村助乡，倒不失为一个救助之法，与驿站关系密切的村子能获封本助乡、加助乡，关系疏远的则难以进入助乡行列。

其工钱原定为庆长小判，但后来元禄、宽永时期，货币逐渐粗劣，难以为继，八代将军在享保年中方才加以改革，但也并未完全遵照旧制。后代再三改铸，或是真字小判、草字小判，抑或是保字判、二分判，至安政、文久时期，货币已改铸多次，钱质愈发粗劣，致使物价上涨。即是说，原定于享保年间的御传马的工钱过于低廉，令人难以忍受，各村叫苦不迭。由于当时既无人力车、马车，铁路更是难以想象，大名小名通行之际，其随从若是足痛，则亦须由民夫用宿驾笼载之，五畿七道的助乡村无不牢骚满腹。因为这一时下难题，要求必须改良，即由改正官制订方案。当时前岛从骏河前来，万幸承担了此事，有了合适的方案，前岛立刻转任驿递权正，负责实施。政治上的改革都是如此，须经改

革人员调查提议，制定解决方案，再由大藏省上报政
府。因此，大藏省权倾朝野，大隈等人也因风头太劲，
遭人嫌忌。

货币制度之改革调查

货币改铸一事从前便是要务，制币局已在大阪设
立，银本位制度虽已有定论，但由于此乃本省头等大
事，须得详加研究。此外，欧美各国均专门发行公债，
我国是否效仿，纸币既已发行流通，又应如何兑换，诸
官省、各寮司及事务处理次序如何安排为好，有关这类
问题，伊藤少辅提议派人前往美国学习。此事由改革官
员审议、制定草案，此后提交政府。明治三年十月，此
案通过，伊藤前往美国，芳川显正和福地源一郎也奉命
随行。

此一行人前往美国，调查现行法规、条例，提出公
债发行方案并解释理由；称为兑换纸币，须在全国设立
国立银行，以乘金融之便。关于银行条例如何制定，他
们亦有想法。有关货币问题，曾在横滨设支行的东阳银
行主任、英国人罗贝尔特逊建议，东洋乃银币国，实行
银本位制度为好。但伊藤等人见美国实行金本位，欧洲
各国也以金本位居多，便想将日本改为金本位制。纸币
兑换一事，鉴于美国于19世纪60年代大量增发纸币导

致纸币贬值，举国陷入困境，因此要设国立银行，制定兑换法时，应对其历史、手续进行调查，详细上报。另外因诸官省的职制、章程未充分整顿，职权不甚明了，责任界定模糊，他们还对美利坚之职制、章程进行了调查学习，并将成果一一上报大藏省。其间书信往来由改正挂人员负责，记得寄给大隈的信中不少都由我联名签署。

前述各要务均由改正挂人员调查，但因事关重大，并未即时实施，明治四年春夏，伊达宗城辞去大藏卿之职，大隈也转任参议，由大久保利通君继任大藏卿。此时，大阪制币局的井上馨被任命为大藏大辅前来东京，此前伊藤寄来的调查成果也供其阅览，我们谈及调查涉及的银行创立、各官省制度、公债发行等内容。井上认为，当下要务乃尽快制定货币制度，发布相关条例，由改正挂人员拟定草案、着手调查。明治四年五月，伊藤自美归国，督促银行条例制定、公债发行及诸官省官制制定。井上也觉得当此时机，非做不可，督促改正挂人员调查其步骤方法。

废藩置县　大藏省事务繁忙

在我着手种种事务之时，废藩置县这一重大政策问题引得朝野上下物议沸腾。时至七月中旬，废藩置县之议尘埃落定，朝廷向全国颁布诏令。谈到废藩置县一事，先前已有萨摩、长州等雄藩率先屡屡上奏，恳请天皇准奏奉还封土、奉还版籍之事，却因当时西乡、木户、大久保等国家柱石元勋之间商议未定，此事尚未昭告天下。而后众人意见一致，废藩置县诏令将下。诏令将下之际，最须我大藏省留意的，便是关于彼时诸藩藩币兑换法的布告。若废藩之诏已下，而诸藩拒不兑换，终将生出起义暴动之事。抑或生出另一漏洞，即诸藩提前与朝廷兑换藩币，届时，币价高腾，引来大量投机获利之徒。因此，废藩诏令一出，藩币兑换之布告便丝毫不得耽搁，大藏省须得尽快定下藩币兑换法，待天皇下诏废藩，即刻将此法颁布全国。是年七月十三日本是假日，但我因此事特地出勤，开展调查。

随着废藩置县大令的发布，大藏省的事务愈加繁忙，其中废藩后的整理清点着实异常困难。由于此事最是至关紧要，我听从井上的指挥两三日间制订了方法，罗列了数十份处置方案，提交给了井上。处置的大纲，从各藩财物的管束到负债额度、藩币发行额度、租税征收之法以及处置各藩种种衙署内的事业等都有涉及，相当麻烦。而公债证券发行一事，随废藩实行，各藩地方借入的负债也要按年度予以区分，过于久远之债务则尽数作废，以维新前后为区分，予以新旧两种公债证券，至此公债证券才得以发行。

至于各官厅之运作制度、章程，我已翻译伊藤自美国带回的文件，掌握其中要点，便将其呈报政府，以促各政府部门建立运作制度。而此事又宜以大藏省为先，迅速实施，便由我负责调查。我在自家中彻查相关事宜，三日三夜，不眠不休，而后上报政府，令制度得以建立。此后，我探明了簿记方法，当今各部门所用簿记方法之关键亦是在彼时敲定的。随后，我又自请调查银行章程，思来想去，却至今不甚得其要领。

始兴实业家之志

当时大阪造币局有公务之需，我与大隈、伊藤、吉田清成等人同行前往大阪，回程途中我仔细设想将来日本之经济，今后政府将如何尽心竭力去制订货币法，改革租税率，设置企业法与合资组织，殖产兴业。如今之商人终究不能改良发展日本的工商业，因而我兴起了退出官场委身商业，或力有不及，也须率先振兴菱靡的商权，推动日本将来商业一大进步的志向。我向大隈、伊藤表明了此意，谈及辞职之事，两人都对此大为赞成，但回答说："今日听闻足下辞职，于大藏省有诸多不便之处，不如延缓些许时日。"我自明治二年冬被任命为大藏省租税正以来，累次升迁，当时已身居大藏权大丞之职，省内事务都有涉及。升任此职的前一年，我受命处理通商司撤销之善后事宜。此通商司自明治元年起设于大藏省，该司促成东京、大阪两地豪商强强联合，创立了为替会社、商社、开垦会社等，开合资营业之先河。不过，其中开展的毕竟是新事业，管理之人对业务也不甚精通，亏损较大，日渐衰颓，故大藏省命我兼任整顿该司之职。我曾与东京、大阪之实业家面谈，欲与他们畅谈种种业务，却见他们身上尚有从前的卑屈之风，面对政府官员只知屈身低头，毕恭毕敬，胸无点墨，亦无气性，对经营创新、事物改良全然不知。我叹息不已，遂生出辞去现职，全力振兴工商业之志。

与大藏卿大久保利通意见冲突

此次大阪之行是明治四年夏之事。到同年七月，我受命任枢密权大史，又暂任内阁史官。八月，复又调回大藏省，任大藏大丞。废藩置县前后，大久保任大藏卿，井上任大藏大辅，我任大藏大丞，大藏省职制及事务章程业已制定，各司职责也初步厘清。而即使废藩置县，也不见得岁入便可随即增加。即因国库度支（主司财政的官制，又称会计官、经理官）毫无限制，如有必要，便命大藏省由政府财政中支出，正如常言所说，要钱没数，花钱没边。且政府正是励精各方公务之

134

时，不只海陆军费开支甚巨，司法省正谋求大量增设裁判所，文部省亦计划普及教育令，八方伸手，一司应付，井上也甚为苦恼，大久保则不顾财政状况，欲随各省需求拨付款项。因而我于此时也颇尽力周旋。

是时，财政之事无甚条理，我甚为忧心，并与同僚合议，制作年度收支统计表，以量入为出之方针，设定向各省拨付经费之额度，计划将此额度作为支出上限。然年收入总额尚未明了，并不能作出精确统计。及至当年八月，政府有议，该年度向陆军省拨付款项八百万日元，向海军省拨付款项二百五十万日元。大久保大藏卿别无他法，只得同意。因而向时任大丞的本人及谷铁臣、安场保和三人垂问。我便详细阐明自身见解："原本限定额度一事，乃是我等期盼至极之事。大藏省也期望早日明了全国岁入额，以此为标准制定各省的拨付额度，并正为此作出种种努力。然至今未能得出确切统计，故如今轻易定下各省支出定额实在不妥。究其原因，尽管大藏省为调配国库钱财之所，于此岁入统计未定之时，轻易由政府定下支出额度，实在是如宿与所言，一笔糊涂账。陆军来定下支出额度，海军也来定下支出额度，若是其余各省皆争先恐后，前来瓜分，量入为出之经济法度便难以立定，会计之根本也难以建立。加之，另有一使人不安之事，今后若是各省临时生变，必须支取经费，我们又当如何应对？是以为今之计，只可严格量需定限，别无妙计，故我请推迟定额之事。近来我等正为尽快统计出岁入总额而努力，想必不久便可得出确切结果，请以此为依据制定各省费额。"

如此，大久保颇为不快，问："如此说来，岁入统计一日不了，便一日不可向陆、海军拨付款项？"这番诘问实在出乎意料，因而我便继续说道："非也。在下绝无不向陆、海军支付经费之意。若无陆海两军，国之存亡尚未可知。然大藏省统计出一年岁入之前，一味支出，我有些许担忧，且若定下巨额拨付款项，首先便有悖会计常理，危险至极。此乃我一家之言，我知无不言，言无不尽，采纳与否，想必大藏卿胸中自有成算。"说罢，我便退下。这时，我再次生出辞官之意。

向大藏大辅井上透露辞官的想法

至于辞官之缘由，大久保那时已是国家栋梁，又是大藏省之掌权者，但他不仅不熟悉理财实务，连其道理都理解不了。井上虽然十分忙碌，苦心经营，但想必独木难支。加之大丞以下的职员多为大久保的幕僚，不会甘心遵奉井上的意思，积极服从井上的指挥。这时大藏省财政事务没有一以贯之的规则，不仅难以长期维持，最终定会沦为世间有识之士耻笑的对象。无论对政府还是对各省来说，当时诸事改革都是普遍的公论，但只专注于扩张事务却不顾随之产生的经费如何，只要有需求就一股脑地来索要经费，换句话说，需求的力量过强而抑制需求的力量过弱，我认为最终政府将难以维持。于是我拜访位于海运桥的井上宅邸（井上当时住在海运桥，宅邸归三井家所有），请求会面。我立刻得到了接见，对井上说道："我已下定决心辞职，明天就会提出辞呈，希望能尽快把这件事告诉你。我肯定不会在大藏省长期供职，因此可以毫不顾忌地说如今大藏省希望渺茫，你一直为省内事务献策献力，看在我们的友谊上，我十分同情你。以今天的状态，整顿大藏省财政非我所愿。不如说我想辞去这希望渺茫之职，像前些日子我说的一样，为大有希望的商业会社尽力。如今有这样一种倾向，稍微有些学问、气力、智慧或者其他技艺能力的人，都踏上了仕途，民间的人才却少了，最终会导致上下失衡，无法发展国家的实力。因此我决心明日提交辞呈，感谢您的知遇之恩。"听完我一席话，井上极力反对，恳切地说道："足下的意见虽然有一定的道理，但如今不是时候。如今大藏省的事务极其繁忙，突然有身居要职之人辞官，不得不说有些欠妥。还希望你打消辞职的念头，继续勤勉为国。"但我已经下定决心，因此进行种种抗辩，力求辞职。井上继续开示道："的确，从足下提到的各省的配额论来看，担心将来十分在理。不过就真正主持大藏省事务，整顿日本的财政一事，我也有一些方案，不久将实施。因此还请足下暂时不要辞职，这段时间前往大阪，去监督造币局的事务吧。"井上开诚布公，恳切相劝，我最终依照他的意思，放弃辞职，前往大阪出差。

出差大阪时的新任务

时任造币局长为肥前人马渡俊迈，继井上、伊藤之后，于八月上任（造币局创立伊始，井上馨兼任大藏大丞与局长，当年夏，升任大藏大卿后，由伊藤博文暂代局长。八月，伊藤转任东京，由马渡接任）。这般局长迭代时常发生，事务方面自然有不备之处，我便是为督励而受命，于九月下旬动身，前往大阪。

此间，于东京、大阪兴起一新事务。维新之前，即文久、庆应年间，诸藩曾造赝品二分金，至维新之后，因赝金之事，外国人与我国严肃谈判。不得已，新政府只能接受兑换。而当时赝金仍流通于世，通用二分金与纸币，即太政官札之间存有价差，民众欲用二分金兑换纸币时，每兑换一百日元须付出五日元以上的手续费。大藏省便制发兑换券，收集二分金，于造币局将其重铸。此事不仅利于整理货币重铸，还有望产生大额利

138

润，故我曾向大藏省建言，希望早日实施此事。建言迅速获得采纳，我便从事兑换券发行工作。因这一事务于大阪也有必要开展，上官便命我兼任大阪之事。我停留大阪一月有余，整顿造币事务与兑换券发行之事，于十一月十五日完成使命，归返东京。

归任之前，东京发生向欧美派出大使一事。岩仓为正使，木户、大久保、伊藤等人任副使，此外另有负责调查各种政务之理事官十数人及随员，受命随大使前往欧美。启程之期定于十一月末。

父亲永眠

我十五日归返东京，当日晚上便收到急信，说是父亲十三日在故里突遭大病。我须得即刻返家，可从大阪出差归来尚未复命，且未曾办理允假手续，无法离开。经一夜煎熬，翌日一早我便去面见井上，向其陈述大阪境况，并言明要归乡侍疾，获得准许后便即刻从东京出发，冒瓢泼大雨，快马加鞭，抵达中山道深谷宿时，正是当晚九时前后。我在深谷的杉田草草用过饭食，当晚十一时稍过返回家中。父亲的病十三日夜里发作起来，脑部刺激过于强烈，乃至人事不省，情况实属危急。而我十五日夜间归返之时，父亲已经大大好转，也好似生出一些气力，得知我为侍疾而归，大为欢喜。可终究是

一场重病，虽有我在侧昼夜看护，父亲也心知这回病症过重，开始殷殷向我交代后事。直到十八日早晨，父亲病症似乎并未恶化。可到晌午，父亲再次人事不省，我大为忧心，用尽手段，寻医问药，终是无力回天，父亲病势日渐危笃，于当月二十二日，陷入长眠。

家中哀恸自不待言，我抱终天之恨，恸哭不已。回首昔日，忆及九年前我辞别旧家后，父亲年岁渐高，却十分硬朗，在制蓝家业、农桑之事上亲力亲为，从不懈怠，精力丝毫不减当年。我定居东京后，屡劝父亲颐养天年，悠闲度日，父亲却始终严正，坚称官民地位有别，虽时常来到东京，却只有四五回宿于我家中。父亲面容、举止皆有老当益壮之意，怎料此番罹患重疾，实在令我惊愕、悲叹不已。然我深知，一旦阴阳两隔，便是再号泣于旻天，亦无回天之术。于是，我用心治丧，理好诸事后返回东京，彼时已是十二月上旬。再说后话，日月流转，我对父亲追思渐浓，然父亲坟墓在故乡，我身居东京，身负官职，不得随时随心祭拜。因此，我决意于次年在东京谷中建招魂碑，以便岁时飨祭。初次开讲时，我已谈过父亲之性行，但当时所说首尾并不连贯。我便在此背诵碑文，请诸位倾听。

　　翁讳美雅，涩泽氏，通称士郎，号晚香。武藏国血洗岛村人，世农，考讳敬林君，妣高田氏，实同族讳政德者第三子。嗣敬林君之后，配其长女。翁自幼嗜学，慨然有特立之志，而思虑周密，一事不苟，凡自耕稼生产之道至寻常琐事，必反复审思，本于实际。是以设施不差成算，家制蓝，为品素精。至翁研究益到，名传远近，其业大盛，家产致优。至有乡人仿以立产者。村原系半原藩封内，藩侯有土木若不时之费，每令翁供财。翁毫无难色，曰，财之用在应缓急耳，况藩命乎。又厚于亲姻故旧，人或失产破家，则谆谆诱诲，为捐财赈恤，使其复产，故人皆称之不已。明治四年冬十一月二十二日，病殁。年六十三。越五日，葬其乡先兆之次，赠号曰蓝田青于。五男八女，长男荣一君见为大藏省三等出仕，叙正五位。长女适吉冈十郎。少女配外甥须永才三郎，委其家产。余天。男荣一君以在东京，建招魂碑于谷中天王寺，以为行香之便。呜呼，翁行修于家，信及乡里，而老死畎亩之间，终无著于世，洵为可惜矣。然荣一君擢草莽居显职，望属而名驰，盖有所以矣哉。惇忠于翁，有叔氏之亲而蒙师父之恩。谨叙其行状表之。

此碑文由尾高惇忠撰写，扼要清楚。诵读之时，父亲的

笑貌音容恍然眼前。

明治五年春，上年适才任大藏少辅的吉田清成受命前往英国，募集公债。募集公债一事，乃是井上于大藏省立案，为设华、士族禄制后暂供其俸禄、免国库长年负担之法。为筹措本金，于国外发起公债，准备金银资本。因纸币兑换一事也因这一资金得施行之望，才有派遣吉田前往欧洲之事。明治五年二月，吉田出发之际，我被任命为大藏三等出仕，行少辅之职。同年，大藏卿大久保也远在国外，省中一应事务，皆由井上全权处理，我则为其辅翼，行次官之职。

大藏省与诸省权限之争

财政要务，首要便是在大藏省详明调查国库岁入总额之后，再由政府议定年度支出额度。当时各藩善后之事初上正轨，全国岁入额统计未必精确，约有四千万余两。井上秉持量入为出的原则节约各省政务经费，又计划多存余款，将其用于设立纸币兑换制，种种努力，不一而足。可去年以来，各省经费申请额度渐巨，去年冬，司法省与文部省申请巨额经费，所求甚巨，大藏省终是不能应其所求。此次拒绝，引发各省与大藏省之间生出争执，似是一种权限斗争。

究其原因，自废藩置县时起，大藏省事务弥增，极

其繁杂，加之诸省须得时常请求大藏省调拨公款，有如
仰大藏省之鼻息，大藏省逐渐大权在握，引得各省主官
大喊不公。其中，司法卿江藤新平等人素来与井上不
和，矛头最利。彼时，太政官中三条公为首相，西乡、
板垣、大隈等人任参议，辅佐天皇。三条公乃缙绅，西
乡、板垣家世显贵，颇有政治实力，却对经济事务知之
甚少。几人当中，唯有大隈参议熟知大藏省情况，又与
井上友情甚笃，意见相合。我便暗自希望大隈在太政官
中亦能为大藏省尽力，就财政改良之事协调各方。

实施国立银行条例

如此，井上愈发勤勉，尽可能令各省节约财政支
出，依照财务状况，预留部分岁入，兑换金银，留作储
蓄。一番苦心，统共存下日元两千万余。井上欲将伊藤
去年于美利坚调查所得之国立银行条例付诸实践，于夏
季命我专职调查此事。调查完成后，我于八月二十五日
上报政府、布告天下。此前，因三井组欲设私立银行，
三野村利左卫门曾为其请愿，同井上商议请其许可。当
时条例调查尚未完成，井上便请三野村稍事等待，如今
条例既已确定，便决定不假私人名义，而依条例创立国
立银行。今日之第一国立银行，便是筹划于是年秋季。
既是国立银行，除三井组外，小野组、岛田组等东京府

143

豪门均参与其中，召集股东，四处协商。是年冬天，银行获准成立。

辞官和提交建议书

反对征讨①台湾

当年（明治五年）十一月，时任外务卿副岛种臣向政府提出入侵中国台湾一事。海、陆两军的军人出于自身职责，希望促成此事，常推动这项建议，此事最终被提上政府议程，各省的负责人被招至三条公的宅邸讨论此事利害。这时井上正在为母服丧，不能出席，我便参与讨论。我极力反对此事，与副岛展开激烈争辩。我的论点是，今日日本虽有王政维新的美名，但废藩置县之后，在整顿政务方面没有丝毫成果，如今国家疲敝、人民穷苦。而此时在国外挑起干戈实在是危险至极，即便出征得胜，若加剧国内工商业的衰颓，也不过是在海外徒增虚名。我痛切陈述了以上反对意见。幸而政府未采纳副岛之见。

---

① 征讨：实为侵略。——译者

司法省、文部省的定额论及井上大辅的苦衷

这一年冬天，司法省、文部省又为定额论引发争端，大藏省虽已上报政府不能增加定额，但政府却托词搪塞，没有驳回司法、文部两省的请求。井上断然决定辞职，从年末开始便不再出勤，大藏省的各个职员都无心工作、失去了方向，使政府十分担忧。三条公再三造访我的住所，恳切劝谏，让我劝说井上出勤，同时让我勿起辞职之心。定额论之争暂时得以缓和，双方在当年都做出了让步。不过次年（明治六年）争端又起，各省与大藏省争端不绝。如前所说，江藤新平和井上关系不和，水火不容。在江藤心中，井上总是无理取闹，只顾刁难各省，又在大藏省专权，十分可恶。他宣称"若如此放任井上，不知井上今后会跋扈到什么程度"，因此两人的矛盾愈发激烈。

联袂辞官

政府方面，三条公时常担心此事，但西乡、板垣毫不介意，大隈也不知如何是好。政府驳回了大藏省拒绝增加各省经费配额的文书，井上亲自前往政府，详细说明理由，但各参议却没有采纳。井上叹息不止，私下对我说："我已经对大藏省的事务绝望了，如此显而易见

的道理行不通，说明政府并不信任我，如今我已无计可施。我要去政府对大隈吐露心声，到时若再不被政府采纳，我只好干脆辞职。"他对我表明决意，五月三日再次前往政府辩论，剖心泣血，但政府还是没有采纳他的建议。当日十一点，井上回到大藏省，召集我与其他职员说明辞职一事，又对我说道："正如我刚才所说，我已决心辞去本职，只想尽快离开此处，诸位之后的工作交接就拜托你了。"他说完就打算离席，我急忙挽留，明言道："您所言极是，在下也另有打算，此番愿与您一同提交辞呈。在下辞职并非今日一时兴起，去年以来便萌生了这一想法，您也知道我曾再三提交辞呈。而在下留任到今日，全因受您的财务改革主张感化，这才决心助您一臂之力。而今日您的主张既然不被政府采纳，我又有什么必要留下来善后呢?"于是，当日十二点后，我与井上一同离开了大藏省，向政府提交了辞呈。

提交建议书

当时我深感于时势，写了一篇政务方面的笔记，因为有几处字句不通，我便嘱托一位名叫那珂通高的人代为润色。此稿恰巧完成，我便在提交辞呈的第二天携带稿件拜访井上，我们在两国桥一带碰面，当时芳川显正也在席间。我把稿件交给井上，他看过后表示完全同意，希望与我一起将此稿改写为建议书。这封建议书经三条公呈递政府，不久便刊登在《曙新闻》上公之于世，此举增加了江藤新平等人的恨意，他们以泄漏政府机密为借口对井上处以若干罚金。然而我们二人已经决心提交辞呈，也就无所忌惮，不厌其烦地对人表明自己的意见。大隈因此发来信件，告诫我们这么做有些不妥。但大隈见我们并不回复此信，明白政府并不能让我们二人回心转意，在五月二十三日，下达了免职令。

辞官后的方针

如此一来，我与大藏省以及仕途彻底断绝了关系，便就去年已有意愿的创立银行一事，与三井、小野两家的人员协商，约定负责银行事务，当月起便开始从事银行业。这便是我从官员转为商人的始末。像这样追忆往事，从最初开始慢慢道来，我投身商业又过了二十年有余，其间也有不少奇闻逸事，我虽然想与各位分享，但即便已经过去了二十年之久，我投身商业后所发生的事仍属于当代，不能称之为过去，还是不说为妙。因此，回忆往事也就此告一段落了。我与井上联名呈递的奏议仍存有文章草稿，请各位观看。

《雨夜谭》卷五　终

关于财政改革之奏议

　　国家隆替本虽气运使然，亦非不由政府举措之当否也。维新以来未满十年，庶绩就绪，万方向化。内则恢宏既衰数百年之纪纲，外则折中正盛五大洲之政刑。变封建以定郡县，废门阀以举贤才。律兼万国之公法，议尽四境之舆论。学别八区，诱无智之民；兵置六镇，惩不逞之徒。一瞬达远，舟车同藉蒸汽之力；万里报急，海陆并赖电信之机。用心贸易，尽力开拓，正货币制，异街衢观。其他自制铁、灯台、铁路，以至屋舍、衣帽、几床、伞履之细，日变月革，骎骎乎进开化之域，驷马不可及之势也。如斯不已，不出数年则可文明具备，以其比欧美诸国，亦无惭色也。苟有志于国家者，皆知喜而相庆。然而臣等独忧此。盖忧不终于忧，必有喜存其间；喜不终于喜，必有忧存其中。故有忧则求其可喜者，有喜则虑其可忧者。于此举措不失当，国家得以致开明之真治。开明之言者，其称虽一，推而论其归所，则判然为二。主开明之政理者，以形为之；重开明

148

之民力者，以实为之也。以形为之者易求，以实为之者难致。今欧美诸国，民皆务实学，而智识优。故人人以各自不能食其力为大耻，我民则反之。士徒知藉父祖之谷禄，不知究文物之科。农徒知仍乡土之常，不知讲耕桑之术。工徒知论庸作之价，不知求器械之巧。商徒知争锱铢之利，不知明贸易之法。此皆不能食其力者，其间虽有一二以才识而称者，多不过是请托投机、垄断罔利之徒。甚者诈欺百出、诬冒万变，以至破产亡家者比比皆是。今驱如斯之辈，欲一朝俄届开明之域，亦如见卵而求时夜也。臣等曾中夜窃言，长在大都，一度航海外，奉职已久，阅事不少，而其智识必愈昔日。退而求其长者，则依然吴下阿蒙尔。因而起坐大息者久之。以臣等之所遇尚且如此，况生偏境僻邑者乎？由此观之，今日之开明不重民力，而空驰于政理，固不俟智者而后知也。苟唯主政理，人人存爱国之情，谁不企望文明政治如欧美诸国者乎？现今在官之士，脚未踏实地，眼未见实事，略窥译书，草览写真，则奋然兴起，欲与之相抗。遑论历年客游海外者，归国或以英为优、以法为胜，以荷、美、普、澳之长相较于我，街衢、货币、开拓、贸易、兵学、议律、蒸汽、电信、服装、器械，凡可资我文明者，无一遗漏，以求我万事备齐。此乃人之常情，无可厚非，然重其形而轻其实，政治终与人心相背，法制渐全则人心渐疲，法度愈张而国力愈颓。功业未立，国已积弱。纵有能者，回天乏术。若然如此，何以兴邦？此为众人所乐、我等所忧。天下之事，当志存高远，然着手处，则应步步循序，招招慎重，以使政治不与民力向背。勿要轻举躁动、以期一日速成。武臣秉钧之日，虽各藩制异，必以门阀举人。在位者皆肉食者，政刑出于贱吏，不识教化法度，因循守旧，取决武断，行事草率，目无纷争之患。因袭日久，民以为常，无有异议，海内乂安二百余年，至外交事起，始知其害，难以收拾。尔来志士仁人，竞相奋起，舍生取义，得挽维新之势。当是时，应顺其势，革除旧弊，更张庶政，洗天下耳目，以求广开视听。既求广开试听，便知守旧之耻，既知守旧之耻，则痛定思痛，当机立断，使旧弊尽除。此际倒行逆施，一时之间，欲将国体、兵制、刑律、教法、学则、工艺、民法、商业悉数变革，以同万国抗衡。此虽气运使然，其举措亦无不出于此也。譬如良医治病，当疾方剧，必先投以剧药，迨其渐平，与温补之药以待其元气恢复。此谓得其术也。故良医所期，只在于待元气恢复，而必先投以剧剂。治天下之术又与此何异？既投以剧剂，使疾渐平，庶绩就绪，万方向化。此宜与以温补之药之时也。故今日政府事之施设，须步步逐序、着着认实，计未知出于此，犹效畴

昔之轻佻，只勉于百事躁进。此臣等所不能甘心也。然
而其致之者，臣等固知有所由来。更始之际，政府专急
于拔擢人才，天下人士亦自告奋勇欲供其用。苟怀一艺
夸一能者，云集麇至，无不愿致身阙下者，昔时从于靡
盬之节者，虽或无才，亦不猝舍。今日有操觚之才者，
虽或有衅，亦不长弃。以此有陟野之士，无黜朝之人，
百官无阙，未有自此兴盛也。在官其人多，必好作其
事。既好作其事，必喜成其功。今政府不注意于民力而
专力于政理，百官急于做事成功，势必不无舍实用而驰
空理之弊。何况彼爱国之至情钦羡开明之政治，欲骤然
与之相抗乎？只求振兴事务，恐治具之漏欠。故无不陈
以害，无不讲以利，或有投机以求容者，或有炫新邀宠
者，自院省使寮司至于府县，各贪其功，往往增官。以
此百事凑合，万绪猬集，互相抵触，政府亦自不堪其
弊。且有其官则不可无其给，有其事则不可无其费。故
事务日加多，用度月增费，岁入常不能偿岁出，必征求
于人民。政治之要，其端固多，值涣号之今日，须以理
财为第一义。理财苟失法，要费不得给。要费不得给，
百事何以得举？于此则增赋税、起佣役，以督呵斯民，
其极使斯民不能安息，至于国家亦不免随之凋衰。此古
今之通患，政府不可使之深为寒心者，其实在此。今概
算全国岁入之总额，不过得四千万元。而预推计本年之

经费，使无一变故犹及五千万元。然则比较一岁之出入已生一千万元之不足。加之维新以来，以国用之急，每岁所负之用途亦将超一千万元。其他所举官省旧藩之楮币及中外之负债，几近一亿二千万元之巨额。故通算之，政府现今之负债实一亿四千万元，而偿却之道未立。然则速设其制，逐次支消。不然后来人心之信凭不能固确，一朝有不虞之变，困顿跋疐，以至于噬脐不及。然而政府未注意于此，却勉于百度之更张，求开明于政理，犹如昔日，保护斯民之道安在？政府既不得保护斯民之道，斯民何以得苏息？议者则曰：瘠土之民劳，沃土之民乐，乐贫而劳富，故欲集其智使其富，则厚其赋税，必速如欧美诸国。呜呼，其言一何谬。欧美诸国之民，概优于智识而存特立之志操。且其国体所使之然，以常参政府之议，其相保持，犹如手足之护头目，内明利害得失，政府只不过外廷。今我民则与之相异，久惯于专擅之余习，长安于偏僻之固陋，智识不开，志操不确，进退俯仰，唯遵政府之命，至于所谓权利义务等，未能辨其为何物。政府有所令，举国奉之，政府有所趋，举国归之，凡风习、语言、服饰、器什以至日用、玩具，争先恐后，无不摸政府之好尚者。其上所好，下必甚焉，故互市之际，常多输入彼之器物玩什，输出之品不过仅居十之六七。百姓陷贫弱之境，其困焉能不日甚？古人云："视民如伤。"今之政府，不惟不可如伤，又缚百姓于法制，督喝其赋税，或加于昔日。户不得无编籍，里不得无社证，宅不得无地券，人不得避血税。赋税之费，违规之罚，至于物价、贩品、牛马、婢仆，皆无律不行。如此一令之下，斯民茫然失措，不知所向。商路不行则就工，工路不行则就农，破家失产者比比皆是，凋衰者倍于昔日，盖莫如是。政府渐步入开明之境，百姓渐甘于野蛮陋俗，上下相距，何止于霄壤？政理有负于民，乃至于此，善者不足以为善，美者不足以为美，惟见其忧，未见其喜。盖物各有其量，国各有其力，政治之要贵在适于时势。故政府施为，须审我国力，察我民情。量入为出乃欧美诸国为政之本，今我国力民情未能出于其右，若人人能知，为今之策，乃暂循量入为出之旧，俭省经费，预算岁入，使岁出不得有超。至于院省寮司，则考量其序，确定其额，使其分毫不可超限。至于负债纸币，减无用之费、不急之禄，支消兑换，渐随其法，事非逐序则不行，法非照实则不举，使民生息，使天下明政府之所趋大相径庭于昔日。观今日之势，我国力民情之所适未有逾者。此法一定，则须悉数会同各长官，公示要旨，交相誓约，以不失目的为务。为政之缓急、处置之前后，或军费之充实、法费之歉缺，或额加工术、赀损学则，或轻减农租、增征商税，尽应交众议以斟酌，以政理不背民力为要。若能如此，则民知其所向，得以自勉富实之本，与政理开明共进者，可盼之也。不然，内外必生不测之变，土崩瓦解，乃至不可管束。如此，则何以称政府之举措得当？臣等虽愚钝，亦久知财政之窘。若如此施为，虽不可得立竿见影之功，然若躬亲践履，未必毫无见解。以臣等所见所虑，今之开明，不仅可喜之处未见，另有可忧之处多见于须臾。此亦在乎政府之施为，不在乎气运使然者，昭昭乎其明。知而不言乃不忠，不知而言是不智。臣等宁受不智之叱，不愿为不忠之臣。言至于此，臣不堪其职，愿乞骸骨，然区区之心，何能恝然。故敢留愚衷，惟祈政府或可垂顾。尽言极论，不惜冒渎威严，乃因甘于斧钺之诛。臣馨、臣荣一忧惧之至，诚惶诚恐，昧死以闻。

（明治六年五月七日）

附录一
明治维新后经济界的发展

第一节　序　言

　　为详述我所亲历的商界诸事，还须简述前事。我生于农家，彼时忧国之士常论及幕府（即德川政府）外交之过。我自幼学过些汉书，深受水户学影响。二十岁左右时，持"尊王""攘夷"论调之人甚多，我也加入其中，随后背井离乡。二十四岁时，我身至京都，任一桥家臣，身份虽微，亦欲竭力改革藩内财政、军事，略有几分成绩。几年后，庆喜公便出任德川将军，我亦被其召入幕府，无法继续留在一桥家，真所谓"池鱼入海"。幕府机构庞杂，不便当面向主公进言，一般政事亦难以参与，我大失所望。其间，我奉命随庆喜公亲弟、民部大辅德川昭武前去法兰西首府巴黎，出席世界博览会。我乃农民出身，又持攘夷论，对海外知之甚少，自觉洋人不行王道仁义，尽是功利之辈，因而只欲师其所长，而无意学其精神。

我等于庆应三年春访法，八月博览会落幕，便游历瑞士、比利时、荷兰，归法后又访问意大利、英国，访问事毕，已至冬季。翌年幕府倒台，改元明治，我等抱憾回国。自出发至归国，历时一年零十个月。旅途恍惚，我学无所得。但其间接触各级人员、种种事物，见闻之中多少有所长进。

如前所述，我未出乡野，便持尊王攘夷论，为"王侯将相宁有种乎"之少年意气所驱，欲执掌大权、治国平天下，如维新后风靡一时之民权家。至仕官一桥家时，我已略晓世事，在政治上诸多努力，欲助一桥公一展宏图。然而，一桥公出任将军，我欲尽忠义，却为现实所困。即便如此，我的君臣观念亦不可动摇。

我于海外得知国内政变，伏见鸟羽之战使幕府沦为朝敌，庆喜公急返关东，有栖川宫任总督东征，消息接连传至法国，我不知路在何方，于异国一筹莫展。出国时我已预见幕府命不久矣，但这般迅疾却出乎我之意料。本应世代侍奉的主公沦为朝敌，我兜兜转转，竟落得如此地步。我本欲尊王攘夷、一心倒幕而不得，反成为幕臣。而如今幕府已成朝敌，庆喜公无以立世。事发于我在法期间，当时处境着实艰难。我等无依无靠，我欲使民部公子充实学问、接受军事教育。我则对政治死

心，转而研习经济学，欲了解金融、运输、工商业。此
乃幕府倒台，我出于日后安身立命之考量，然我仍未学
好外语。但我年近三十，学习方法也有所不同。经我观
察，欧美经济有二三要点不同于日本。

　　首先是纸币流通。纸币可随时兑换金银，金银纯度
有制度规定，此严肃之事，断不似幕府币制——货币渐
次改铸为元禄、元文、天保，纯度逐降而名称不变，以
期蒙骗世人。欧美之计量、纯度始终如一，如此一来，
自然融通顺利。我虽未钻研其原理，但大抵了解其事
实。其业务由银行操作，银行乃办理存款、借款、兑换
业务之地，另有公债，由国家发布证明筹措。此外还以
合本法筹建铁道公司，亦是颁发证明筹措资金，此类证
明在日本则属机密。我在法一年有余，接触事物繁多。
对于前述商界事务，虽不了解金融构造、公债处理、银
行经营、工商业组织之细节，然耳濡目染其概况，深知
欲使国家富强，必先发展物质。然精神层面，我始终觉
得东洋略胜一筹，至今仍未改变，但须承认物质逊于欧
美。我深感调查之必要。

　　另有一事令我心绪难平，即工商业者与官吏、军人
的社会地位与日本的全然不同。是时，日本实行阶级制
度，身居高位之人纵使无知至极也可大抖威风，且对自
身愚昧一无所知。例如，领地农民面见诸藩代官之时，

会遭受轻蔑。代官们无知无能、一无所长，惟只手握权柄，妄自尊大，将农民视作奴隶。此等现象不仅见诸乡野，我侍奉一桥公之时，曾与大阪的御用达即当地富豪接触，我冷眼旁观，发现亦是如此。官吏军人威风八面，工商业者在其面前只能做出一副惶恐模样。此事在日本司空见惯，于英法却是另一番光景。我于英国不曾与商人来往，却也知其状况与日本大相径庭。此等差别，实令我心绪难平，思量若不勉励学习英法之经验，事业便不能进步。不过，这番思量并非我见过许多工商业者后所得结论。至今我仍清楚记得，当时日本政府委任之法人总领事乃一银行家，于法国邮船公司亦身居要职。我等为照顾民部公子，会不时登门伺候。法帝拿破仑三世为公子宅邸配备了一名骑兵头领，名为波雷特，是一位相当了得的军人，然与前述银行家兼邮船公司要职交际之时，倒见此军人对实业家颇为敬重。譬如就民部公子住所问题、修学问题等须权衡利弊之事讨论时，必无厚此薄彼之感，平等相商。我见此情形，深感法国与日本截然不同。法国政治家、军人与其他官吏皆讲求人人平等，这与日本官民有别之风相异。正因如此，我不由生出本应如此之感。我至今仍清楚地记得当时的场景。

自祖国政变以来，如前所述，我因生出修习实业知识之念，打算于法国闭门钻研，便点检经费用度。这时，民部公子因须继承水户藩，归国之事势在必行，故相迎之人前来，一行人匆忙归国，钻研实业学问、学成后再行回国之愿终是未能实现。庆应四年，即明治元年十一月，我无奈回国。

归国之后，我了解了日本的状况，得知庆喜公正于骏河的宝台院幽居。因被诬为逆贼，一贯深居简出。上年我出发时居将军位之人，岁月流转，不足两度春秋，反屈居于低秽寺院之中一室。见此情景，我不禁兴沧桑之叹，感慨无量。此时情境，与我初出家门时所怀治国平天下之宏愿全然相左。不应考虑如何立身，尤我所侍主公，不论善恶，沦落至这般潦倒之境，若我此时效忠于新政府，便再无比这更为羞耻之事，这确实是真诚之人最应鄙夷的事。我因而断然绝仕途之望，自问前途之事。或返回家中，重操农事？或移居骏河，于庆喜公幽居之地经营商事？除此二者，别无他途。故我又忆起在法时修习实业之愿，以期以此谋得立身之本。

于此，我生出一念，要以静冈藩为中心，集聚静冈市大实业家，设立官民联合商会，并于短时间内得遂此事。幸而静冈藩掌权之人不轻我初出茅庐，以我自欧返日、有所得用之处，使我得以多次面见手握权柄之人，建议为其所采纳。是时，我以为此乃良法，不听取此建议者皆为庸碌之辈，如今看来，此并非良法。彼时，静冈藩勘定所与静冈藩十数名实业家会同一道，官民联合，设一商会。此商会兼行金融、买卖之事，主张拓宽业务，为商会与银行之结合体，名为静冈商法会所。当时，经商称"商法"，更有将务农称"民法"者，颇为有趣，商法会所因此得名，此乃将"法"字与"业"字混用之故。该商法会所之事务总管称"头取"，由我担任。会所于明治二年二月许开业，经营至当年十一月，主营米粮肥料买卖、借贷存款之事，经营期间，我不得不应明治政府之召，于大藏省任职。我本不愿出仕，欲要推辞，然静冈藩人言，倘若果真病痛缠身倒也罢了，否则不从政府之令便会使人疑我包藏祸心，我深感恐惧。彼时，藩中榎本子等人正于函馆与王师交战，故此等畏惧并非空穴来风。又因推辞朝命便会为藩中招祸，我本须亲自上呈辞表，然因藩中之故，无奈之下，只得前去东京，拜领大藏省租税正一职。此乃明治二年十一月之事。

　　早稻田的大隈侯爵是大藏省的贤才，任大藏大辅，伊达宗城侯任大藏卿，伊藤公任少辅，其次有数名大少丞，井上故侯爵也是其中之一。我任租税正。对来自败方静冈藩且出身农民的我而言虽是荣升，无奈我对政界已经死心，对升任这种要职也不存感激。如果有机会我想辞官而去，于是面见大隈大辅陈述了辞职之意，然而大隈大辅不肯答应。大隈劝我说："今后推动日本经济界发展需要大量人才，即便足下没有充足的学问，既在骏河组建商会，可见足下还是喜好欧洲风气，领略欧洲趣味。尤其是足下欲打破阶级制度，才脱离农籍。打破旧的阶级制度，创设好的制度，只是为了对庆喜公思义理，而不对天子存奉公之念吗？而且工商业此时尚未完全成形，必须建立秩序。而建立秩序必须从政治上开始。大藏省的事务便是做建立秩序的准备工作。如果足下想要他日在实业界雄飞，今日在大藏省履职也对足下将来大有裨益。为整理财政，大藏省今后必须做各种事务。在下入职此处未久，毫无基础，若无有为之人、可用之人，颇为不便。足下在骏河组建商会之事甚妙，何不以此意来处置省务？为何受苦隐居静冈？对庆喜公讲义理固然合理，但比较大小，足下意见不妥。"我完全不服其劝说，大隈也不答应。而且大藏大辅言之有理，我虽不想为官，但打算暂且听其命令，便打消了递交辞呈的念头，从明治二年到明治六年供职于大藏省四年有余。期间日本的工商业即货币制度、银行条例、会社组织等事务由我做主负责处置。当时的经济界有组织地建立秩序，可以说是自此以来才走上正轨。

明治四年七月，废藩置县打破了七百年来的封建制度，完全改行郡县政治，发生了大变革。这是政治上的事情，我并没有尽力。但当时大隈、伊藤或井上等前辈大多参与政治，我听其指挥工作，因而也不单是个办事人员，多少有机会能察知大势的变化。而我工作最愉快的时节，是明治四年废藩置县时，在井上大辅的统辖之下，虽然工作并不规律，但处置十分机敏，宛如快刀斩乱麻。我加入其中，或对其有所裨益。废藩置县的处置中施行了各种新制度，例如海运、改革租税出纳、发行公债、兑换各藩纸币等。每逢我提交方案，便会即刻获准。因此，我也大受褒奖。井上大辅曾极力赞扬我，说："足下实在是富有天禀，也勤勉好学，可这种新事物仅凭学问到底难以通晓。"而另一方面，我也受到过同僚的憎恶和攻击。我认为无论如何都必须先改革货币制度，伊藤少辅对此也频频论及，并想调查银行制度，明治三年时伊藤少辅欲前往美国考察，希望政府务必批准这一出行，令我起草建议书，其原案由我制定，最终得以成行。芳川显正伯、如今已故的福地源一郎、吉田二郎随行。陆奥宗光也在美国加入一行，都是能说会做之人聚在一处，就大藏省之制度调查了美国的各种做法，发回日本。此事从明治三年冬持续到明治四年夏，其中以货币制度、公债发行方法、银行结构、大藏省编制最为主要。原本大藏省就是根据以前的大宝令而得名，本省及各寮司都是依据大宝令所设置，规则十分老朽且过于简略，与欧式规则相比过于古旧，所以伊藤少辅频频调查美国法制，草拟上述公债发行方法、货币条例、银行条例、大藏省编制及各寮司权责等，建议今后务必照此进行。我当时也认为此建议为妥，必须进行改革，恰好当年七月废藩置县后，要改革各官省的官制，我任改正挂长官，负责起草原案，提交给大藏卿及大、少辅的办公处即判决大藏省事务的上局后，有关各寮司予以审查，由上局裁决后确定下来。明治四年夏大隈大辅转任太政官，伊藤少辅任造币寮头，井上侯任大辅，忙于大藏省庶务，我跟随井上侯更是忙于工作。可以说，日本实业界的基础，都源自伊藤公从美国引进的经验。

第二节　货币制度的整改

一、货币条例的制定

在各制度的完善工作中，货币制度整改是首要之务。政府颁布了《货币条例》，内有指导性解释。该条例并非我一人所作，是我带领改正挂同僚共同制定的。金本位制度已于明治四年颁布，但由于我国黄金不足，以金币兑换纸币一事无法实现，该制度有名无实。到了明治三十年，明治四年颁布的制度才完全得以实施。不过，当时所规定的"一日元相当于四分金"变为了

"一日元相当于二分金"，其他则大都不变。即当时所定条例沿用至今。

二、金本位制度的确立

金本位制度于明治四年颁布，然而当时日本并无真金，该制度徒有虚名。当时的通用货币是银，又称"贸易银""一円①银"。金本位制度不过空有"金本位"的名头。日本之后是逐渐全面推行金本位，还是实施金银复本位制，抑或是基于东洋多用银币的现实确立银本位？这是政治家、学者在货币制度实施方面最应钻研的问题。松方侯自明治十四年起任大藏大臣，而后苦心经营，鞠躬尽瘁，终于在明治十九年实现了不兑换纸币②的可兑换化。当时，松方侯认为确立真正的金本位制度有望，便多方钻研，但无奈日本国内缺乏黄金，终究无法实现金币兑换。金本位制度只得以金银复本位制或银本位制度的形式推行。因此，在明治十九年起实行的金本位制度中，纸币所兑换的并非金币，而是银币。然而，当时欧洲实行的是金本位制度，美国亦然。日本若实行银本位，金银价值有差，双方交易极其不

① 円：日元，日本货币单位。——编者
② 不兑换纸币：此处指日本政府发行的不能兑换金银货币的纸币。——
编者

便。再者，东西双方在货物买卖之外再因货币生出损益，则贸易不畅。为使贸易畅通，日本向欧美看齐，推行金本位制度。在推行金本位制度的过程中，最令人担忧的就是黄金不足。恰逢明治二十八年，我国获清国赔款①，松方侯自此决意，重新确立真正的金本位制度。至此，等量金币所能兑换的纸币额减半，即由明治三十年以前的一日元减为五十钱。

对此，我与松方侯意见相左，认为这一改革为时尚早。此前，松方侯认为非减少纸币量以恢复其价值不可，而当时的积极论者则提议从海外借入金币以实行兑换。而松方侯五年间苦心经营，节约政府经费，自明治十九年起实行兑换制度。对于这个问题，我与松方侯意见相同。作为银行从业者，我认为明治十六年颁布的银行纸币销毁办法十分麻烦。但命令不可违抗，我便率先表示赞成。到了明治十九年，我还与同行商定，向松方侯呈上颂德表。对我等银行从业者来说，松方侯剥夺了我等的既得特权，这大藏大臣实在可恶。但他确立了兑换制度，这一点值得庆贺，我等便献上颂德表。不过，

---

① 所谓"获清国赔款"，系指 1895 年日本强迫中国订立的关于结束甲午战争的不平等条约中的规定。其中，除中国割让辽东半岛、台湾全岛及其附属各岛屿、澎湖列岛给日本外，中国还赔偿日本军费 2 亿两。——编者

我还是担忧金本位制度的实施操之过急，屡屡向松方侯提出异议。而松方侯英明决断，势要推行金本位制度。如今看来，松方侯确有先见之明，我自愧不如。

下文中我将谈到的横滨正金银行重组、特殊银行创立等或许有大隈侯的创意，不过这些大多是松方侯任大藏卿时期的举措。松方侯任大藏大臣是明治十八年内阁制确立之时。各省卿出则统领省务，入则为内阁大臣。且内阁中有总理大臣，统领各省长官。明治十八年，内阁制确立，松方侯自此由大藏卿变为大藏大臣，直至明治二十五年。明治三十年，此前曾一度辞职的松方侯再度出任总理大臣兼大藏大臣，我记得金本位制度是此时开始实施的。该制度得以推行，实在是有赖于松方侯的英明决断，我的担忧不过是思虑不周的庸人自扰罢了。

第三节　公债之沿革

公债发行一事，乃是伊藤公参照一八六三年美国之事①而施行。换言之，我对此事的认知源自美国。不过，维新以前我在法国之时曾办理过小额实物②，对理

---

① 1863 年，美国颁布《国家银行法》，授权政府批准国家银行发行统一标准的银行券。——译者
② 小额实物：小额的政府债券现货。——译者

论或许不甚明了，但实际操作没有问题。明治四年时我向井上侯提起此事，当时正值处理废藩置县，便一同尝试实施。旧公债证券与新公债证券，便是日本在世间发行公债的开始。由于难以从民间吸收钱财以发行新公债证券，所以便用公债证券来取代幕府时期的借款凭据，将维新以前的借款称为旧公债，以无利息形式发行新证券，将维新以后的借款称为新公债，一年按四分利计息。此前天保十二年时越前守水野忠邦称捐弃所有凭据，不再受理民间借贷诉讼，在这一制度发布之前的凭据，无论借贷证据如何明了，亦由捐弃制度而不再受理。所以公债证券的发行，起初是井上侯在斟酌伊藤公在美国的调查以及我在法国的实操经历后实施的。其后明治十一年发行了名为起业公债证券的特殊公债证券，虽然公债证券之名始于明治四年，但真正缴纳本币交付证券的方法，是明治十一年借由这一起业公债得以实验。之后在明治二十七年的日清战争①与明治三十七八年的日俄战争中，又发行了各种公债。公债证券成为经济界最不可或缺的物品。无论是使金融通达，还是谋求事业发展，公债都是第一机关，这是今日任何人都同意的事情。

---

① 日清战争：即中日甲午战争，是指 19 世纪末日本侵略中国和朝鲜的战争。——编者

第四节　银行之发展

一、关于银行制度之争论

当时的主要问题是在金融业的发展中该如何设置银行组织的问题。此前我曾苦思冥想当时推动日本的工商业需要何种方案，进行了各种设想，而美国的国立银行制度如我之前所述，是明治四年伊藤公经过调查主张据此实施。我曾接触过法国实业界人士，多少知晓银行经营何种业务、合资会社如何经营、铁道会社如何发行债券等，虽然不知道学问上的详细方法，但毕竟接触过实物，多少有所研究见解，模模糊糊明白。这与伊藤公在美国所调查的有很大不同，但欧美同源，没有根本差异。日本无论如何都需要依靠股份组织，我深信这才是最佳方案。尤其是官民之间的差异，按当时情形根本无法进步，必须大大增加民间实力，发展知识，铲除只依赖政府命令的风习。一言以蔽之，即应增加该行业从业者的知识，健全其人格，同时增强资本力量。如此，实业界的发展未来可期。第一必须发行公债证券。银行组织极为必要。我迫切希望伊藤公调查的银行制度能被采用设立。

关于银行组织产生了两种主张。伊藤公说日本要用美国式，而当时有个叫吉田清成（此人是鹿儿岛藩士，早逝）的人，他早先留学英国，虽然没有进行作为银行家的全面学习，但英语流畅，对英国的银行业务也有相应见闻，归国后吉田氏主张美国的国立银行组织不够健全，英国英格兰银行是中央银行，日本也必须先设立中央银行，否则必然会产生金融矛盾。伊藤公说："统一虽有必要，但所有事物都是先成立后发展才有统一，不应与之相反从开始就统一。统一若有必要，他日自然会统一，今日无论如何都要仿效美国实行国立银行制度，必须以此使不兑换货币能够兑换。"这两种主张似乎都有道理，我没有相关学问所以无法判断好坏。不只是我，大藏省的首脑井上侯也难以决断，始终对两种主张孰优孰劣抱有怀疑。我等再三议论孰是孰非，最后由井上侯做出裁断，其裁决取决于我等的调查，我等最终决定同意伊藤公的方案采用国立银行制度。

这时，政府着手翻译国立银行的条例，并进行适当修正，使其适应日本当时的状况。由于福地源一郎曾随伊藤公访美，专司此事，便由他负责翻译，而我在大藏省负责财政经济，多少有一些经验。因此，《国立银行条例》由福地起草，并由我精心修正，于明治五年十一月公布。当时，政府创立国立银行意在使不兑换纸币得以兑换金币。第一银行迅速成立，在接下来的十个月里，政府又创立了第二、第三、第四、第五银行，总计创立了五所银行，但这一目标缺乏根基，并没有随之实现。

我似乎说跑题了，此时是明治五年，我还在大藏省任职。当时的政府不同于今日的内阁组织，政府决策机构被称为太政官，太政大臣、左右大臣、参议等是最高长官。而卿，即各省长官虽与参议级别相同，但只是专属于一省的首脑。一省事务由卿统管，各省设有大辅、少辅、大丞、少丞、权大少丞，各寮司还设有头、正等职。不过在明治初年，卿多为旧公家或大名，反而少辅才是有能之人，实权均在大、少辅手中。明治四五年左右，政府罢免了名不副实的旧门阀，任用有能者为卿。明治四年的大藏卿是大久保利通公，此后为大隈侯，松方侯。当初因门第出任大藏卿、外务卿的人实际上不会处理政务。太政官也是如此，若各省拟定一项方案，多由太政官中的参议做决策。参议由西乡公、板垣伯出任。在井上侯任大藏大辅时，大隈侯恰好出任参议。由于明治四年有修改条约（即《日美友好通商条约》）一事，岩仓公出任正使，大久保、木户、伊藤、山口等人出任副使，携众多理事官一同出国，大藏卿虽是大久保公，但实际事务由身在国内的井上侯负责。这些闲谈或许会和之前的口述重复，不过前述的银行条例调查多是在大久保出国时完成的。然而，在出台这项银行条例后，太政官和大藏省的意见出现了分歧。井上侯称："大藏省主张，必须尽力节约国家经费、稳固财政。尤其是废藩置县不久，财政尚不稳固，今后若不促进工商业的发展、逐步增加国家财富，则无法增加年收入。当今财政并不完善，只靠农业税而工商税较少，并且日本进出口贸易少，海关税无从收起，这种状况下国家难以积累财富。宜效法欧美，在农业税之外，使工商业税和海关税占据更多的比例，如此便必须谋求实业的发展。在此之前，必须节约政府开支，以东洋量入为出的经济法整顿财政，必须借货币制度实现不兑换纸币的可兑换化。"时任大藏省首脑的是井上侯，其他大藏省的官吏也持有相同的论点。我在担任出纳会计后观察到，有意见认为政府不应在扩张司法权、普及教育等领域投资，而推动实业进步需要大量资金，政府必须奖励工业、发展商业，政府内各意见常有冲突。明治六年，冲突演变到了无法缓和的地步，井上侯自知其意见不被政府所容，不愿再做无用功，决心辞职。明治六年五月三日，井上侯自太政官返回，返回后公布了辞职一事，并与我商谈留任事宜。我答道："既然阁下要辞职，我也一同辞职。"井上侯反对道："足下如此意气用事，实在令人为难。足下身为次官，若我二人一同辞职，不利于政府，恐有同盟罢工之嫌。"我答道："我向来不愿为官，入职时也好，明治四年秋也好，我都恳切地提请过辞职，一直忍耐至今，绝不会留任。"最终，我们两人联袂提交了辞呈。

二、第一国立银行的创立

当时就组织银行一事，东京颇具实力的商店三井组和小野组恰好提交了申请。政府的出纳事务历来由两组协力完成，他们正是所谓的"挂屋"（江户时代担任幕府及各藩会计的金融业者），因此政府命两组更名为银行，效法上述美国制度，经营银行业。两组已提交申请，此时刚好重组。此时正值我从大藏省辞职，三井、小野两家的人便请我前去处理银行事务。这时我先听取大藏省当局的意见，答道："如果大藏省同意，我便去银行入职。我在大藏省供职两年，但只掌握了一些纸面上的学问，懂一些经营银行的理论。如果诸位请我，我乐意接受，但需要得到大藏省首脑的许可。"而大藏省的首脑是大隈侯，他在明治二年对我有知遇之恩。此前我和井上侯一同辞职，虽然有同盟罢工之嫌，但辞官是我的夙愿，我向来希望当一名实业家，因此大隈侯称我从事银行业也无妨。最终，我成为国立第一银行的职员。此后，银行虽然已经成立，但由于有三井组和小野组共同参与，若实行正式的制度，则不利于两家关系；

若顾及两家关系，不想使其失衡，则难免违背规则，我为此煞费苦心。因此，明治六年创业之时，两家各出头取两人、支配人两人、取缔役两人，此举使双方暂时达成一致，但实际上造成了一个极为不便的状况。一旦两家互相对峙，银行事务便难以进行，因此这种制衡只徒具形式，却没有实质的内容。如此一来，两家多少怀有一些竞争心，又互相猜疑嫉妒。时常处于中立的我担当仲裁者。为了不让两家对峙，我无法立刻出任头取，不得不暂居仲裁之位，以总监的名义掌管日常事务。就这样，银行在六月初提交了申请，七月二十日获得了开业许可，八月一日开业。这便是第一国立银行的起源。自那以来，几经变迁，直至去年（大正五年）辞职，我正好在银行工作了四十三年。

三、国立银行营业上的困难以及银行条例的修订

我曾以为，一旦国立银行成立，长年的设想便能当即落实。这一想法略显愚蠢，如今想来，这就如同不知口袋底下有洞而置物其中。在这一点上，才识非凡如伊藤公、井上侯或是自嘲目光短浅如我都一样，都有各自考虑不周之处。当时我国的金币持有量极少，要创立四五家小资本银行，以其储备的金币维持金本位制度无异于杯水车薪。市场金价稍有上涨，纸币就会立刻被兑换

为金币，银行就是换取金币的方便之处，即银行成了金币流出口。明治六年成立至明治七年期间，银行经营情况尚可，然而世界金价逐渐上涨，时至明治八年初，纸币兑换金币量渐增。我并未钻研，不知其原因何在。不过，金价不断上升，纸币兑换金币风行并非因为人们不信任银行纸币，而是与贸易导致的金银价值比率变动相关。因此，要在日本以如此小的金币储备量建立金本位制度实在是天方夜谭。我就此放弃，想来便是银行成立，金本位制度也无法实行。明治八年春夏之交，我察觉银行准备金大量流出，当即自行兑换银行纸币，甚至自补差价购入发行纸币。第一国立银行发行的纸币多达百余万日元，我将其尽数收回，仅以政府纸币维持银行交易，并不断催促政府当局进行制度改革。起初，第一国立银行由三井组与小野组各出资一百万日元，另有四五十人共同出资五十万日元，于明治六年八月成立。然而，大股东小野组于明治七年十一月破产，这对银行而言是一大打击，稍有差池，银行只得解散。我劳心劳力，用小野组股份抵扣其借款中的主要部分，其余借款则用其米粮、矿山抵押填补。当时，银行向小野组贷出款项逾一百五十万日元，若此笔贷款无法收回，银行除了宣告破产别无出路。所幸我处理妥当，最后仅坏账一万四五千日元。

由于上述的纸币兑换、小野组破产，明治七年冬至明治八年下半年期间，银行经营不善，每况愈下。我见状便频频向大隈侯陈请申诉，若不确立真正的货币制度，银行经营正如置物于无底口袋中，投入再多也丝毫不剩，若不推行金币兑换改革，第一国立银行这一以合本法组织形式建立的全国模范机构或因现行制度以破产收场，恳请他拿出补救之法。大隈侯闻言深以为然。另有时任纸币头得能良助在当时助我良多。在人际交往中，或许偶然之事更会让人深有感触。从前我在大藏省担任井上侯次官时，得能此人是萨摩藩士西乡家的亲戚，颇有权势，是我的前辈。不过，此人见我出身静冈藩，得大隈、伊藤、井上各位前辈关照起用，应是心存不满的。此外，明治四年冬，井上侯任大藏大辅时，我欲依照伊藤公自美国考察得来的编制制定大藏省各局的事务章程，规定办理金银出纳业务时须出具传票。当时，得能任出纳局长，其局员业务生疏，时有错漏，一旦错漏便遭他斥责，得能愤怒而要到本省施暴于我。我虽厌恶此人无礼，却也泰然自若地迎接他，耐心劝说道："此处是官府，我听你说理就能明白是非，现下省中事务都是新定的，错漏难以避免。你这样愤怒，实在难办。"但得能充耳不闻，怒气冲冲地离开了。政府得知此事，以对上司施暴为由警告得能。我只当他是一时轻率，并未在意。之后，得能氏再次返回大藏省任纸币头，而我作为银行从业者受纸币头管理。龃龉在前，我难免心有不安。得能却对我心存感激，耐心听我陈述银行的困境，详细调查兑换制度在当时未能实施的原因并上报大藏省。若当时得能不应允，关于银行的请求是无论如何也无法实现的。得能反而在与政府沟通上助我一臂之力。时任大藏卿是大隈侯，次官是松方侯，明治九年，大藏省终于修订银行条例，允许以政府纸币兑换银行纸币。按理说，此法实在是愚弄大众，以不兑换纸币兑换纸币这等荒谬之事本不应出现。但因为政府纸币无法兑换金币，这也是无奈之举。

如此修订条例，不仅为解既有银行之困，亦是为免华族、士族秩禄长久固定，而以支付公债为宜。公债禄制，乃是于明治五年发行秩禄公债，一次性将八年俸禄以公债形式授予士族中有意者。明治九年则强制规定，在华族、士族中实施公债禄制。无论从行政还是经济上来看，华族、士族如用尽公债，都将为生计所困，生计之困乃作乱之源，如此，华族、士族必采取措施维持家族运转，方法便是让其利用按禄制支给的公债经营银行，而银行纸币可兑换政府纸币。明治九年八月一日，第一百零六号布告宣布修订《国立银行条例》。此举在经济学家看来或许不妥，但在当时实属无奈，一定程度上也有助于资金融通。修订法颁布后，成立了一百五十二家银行，银行组织自此普及。

此番修订不单为了银行，也为合本公司之设立及经营提供了良好经验，运送公司、保险公司、工业公司相继诞生。也算是如我所愿，以银行为楷模，发展了日本实业。

四、银行纸币与政府纸币之膨胀及其对策

谈到银行发展一事，如前所述，为求便利，银行以政府纸币代替金银进行兑换。此法定于明治九年，翌年西南大乱，政府迫不得已，发行巨额纸币以资军费，又向第十五银行征借纸币，补贴军费一千五百万日元有余，此外还发行大量不兑换纸币。据明治十年十二月发布之第八十七号公告，新纸币金额达二千七百万日元。

因纸币流通额不断增加，自明治十二年起商品价格渐高，物价普遍上涨，地价亦随之走高，一派繁荣景象。与此同时，因海外进口量大增，纸币与金银渐生价差。进口量愈大，价差愈高，纸币相对金银价格下跌五六成。学者、政治家、实业家皆不满于时下币制，如何处置不兑换纸币亦成问题。此乃明治十三、十四年左右之事。有积极论者建议从海外借入金银，建立兑换制度；亦有保守论者建议，应渐次节约政府经费，减少纸币发行，从实际上减少纸币金银价差。各方争来论去，

各执一词，实乃经济界一大难题。大隈侯之论、松方侯所言、井上侯之见与其他学者抑或从业者之观点各不相同，朝堂上亦有几番论战。与此争议无关，大隈侯于明治十四年冬辞去官职，由松方侯接管大藏省，他持稳健保守论，极力减少纸币发行，缩小纸币金银价差，再设法于贸易上着力，令金银货币留存于政府。然此举在短期内未见成效，从明治十四年起，经五年经营，货币兑换制度方得以实行。由于政府纸币得以兑换金银货币，政府纸币所兑换之各国立银行纸币亦得以兑换金银货币。

五、中央银行的创立及国立银行纸币发行权的废除

此后，中央银行，即如今的日本银行成立。这是本国银行史上值得大书特书的事件。日本银行创立于明治十五年，而横滨正金银行于明治十三年作为外汇银行成立。成立之初，横滨正金银行制度尚未完备，经营也并未得法，早期发展相当迟滞，又因营业方面种种损失不断，该银行一度濒临倒闭。如前所述，松方侯于明治十四年就任大藏卿，志在增加日本对外贸易的本位货币收入，明治十五年创立的日本银行也大力推进了横滨正金银行的发展。对各国立银行而言，日本银行的成立是好事一桩，却又是一大麻烦。国立银行制度原本是依照美

国建立的，各国立银行分立，金融制度无法统一。从这一点来看，一家规模巨大的银行于制度中枢成立，金融制度便可日臻完善，是可喜之事。明治十四、十五年，美国实行彻底的地方分权制度，至今尚未形成完整的统一制度。时至大正四年，美国才成立联邦储备银行，实现了中央统一，而日本早已创立了中央银行。可以说，在国立银行制度方面，日本是效仿美国的弟子，但在中央统一方面，原是弟子的日本却比师父超前了三十五年，这要归功于财政官员的英明决断。当时，各国立银行支持金融统一，但中央银行的创立会令各银行所发行的纸币无法继续使用。依照条例，国立银行发行纸币有效期原本为二十年一期，各银行起初以为可以多次续期，不料仅一期过后，纸币发行特权就要被收回，这令各国立银行相当困扰。

就这一问题，大藏卿松方深思熟虑，与各国立银行要员进行了种种谈判，最终推出了一项妥协案。这一方案在明治十六年实行，对国立银行所发行的纸币作偿还处理（兑换处理）。换言之，二十年营业期满后，国立银行将失去原有的纸币发行权，若要继续经营，则转型为私立银行即可，但不再拥有纸币发行权。在国立银行营业期满之前偿还已发行的纸币，此举对银行有利，这就是所谓的发行纸币偿还处理制度。在当时的国立银行中，有抱怨政府的处理强人所难的倾向。不过，第一国立银行明白这是无奈之举，率先同意政府的处理方式，较为顺利地按大藏卿制定的方法完成了纸币兑换处理，堪称金融界的一段佳话。

日本银行创立于明治十五年，起初实力不足，但在财政官员的重视和银行要员的经营下，日本银行日趋发展壮大。尤其在其创立七八年后，即自明治二十三年起，川田小一郎任总裁，谨慎经营，并为银行业发展鞠躬尽瘁。现今的日本银行总部大楼也是在川田任总裁期间建成的，该建筑宏伟大气，以今天的眼光看也毫不逊色，值得赞赏。日本银行的发展不只在于那一时期，此后的日清战争、日俄战争期间，日本的财政经济不断发展，中央银行业务也随之拓宽，两者相辅相成，终成今日这般气象。中央银行的壮大绝非仅靠一人一己之力能成之事。

一家银行若于明治九年获批二十年经营期，到了明治二十九年便经营期满，须转型为私立银行。因此，第一国立银行等银行陆续更名，变为私立银行。另有大量新银行开业，如三井银行、安田银行、三菱银行部等。银行名中带有"第一""第二"的大多是更名后的国立银行。另外，陆续有银行在大小城市成立，银行业终成今日的盛况。想当初第一银行创立时，银行业众人筚路蓝缕，而后国家兴盛、时代进步，银行也随之发展至今，今昔之感实在强烈。

六、横滨正金银行和其他特殊银行的发展

接下来将谈到横滨正金银行，我对它最初成立时有些记忆，但不清楚它之后的发展，与它近来的发展更毫无关系。在这家银行创立之初，人员经验不足，各项处置也有些欠妥，面临很大的困境。明治十五年，在日本银行创立的同时，政府注重海外的外汇关系，即为了通过贸易进口实物黄金，本位货币银行必须发挥贮备黄金的作用，这时日本银行给正金银行发放补助，极大地促进了其业务发展。同时，日本银行在协助该行积累资本、拓展业务的同时，也施行了严厉的监督，以图通过与该行协作，实现日本银行锐意谋求内地统一，正金银行专注发展海外业务的机制。就这样，不断改良，不断拓展，终于走到了今天。其经营效果自然与银行业务的拓展有关，但也少不了时势的助力。

日本银行、横滨正金银行不是普通银行，而是特殊银行。除此之外，政府还创立了日本劝业银行（明治三十年八月开业）。该银行多向农业投放资本。此外还有向工业投放资本的日本兴业银行（明治三十五年四月开业），以及资助已为日本占领的台湾的台湾银行（明治三十二年九月开业）、与经营朝鲜息息相关的朝

　 雨夜谭：涩泽荣一自传

鲜银行（明治四十二年十一月韩国银行成立，明治四
十四年三月改称朝鲜银行），北海道有北海道拓殖银行
（明治三十三年四月开业）。这些特殊银行的业务不同
于普通银行，是根据政府的命令创立的。劝业银行向农
业，兴业银行向工业或矿山发放资本，同时也联络海外
事务。此外，台湾银行在台湾和中国①从事各种事务，
朝鲜银行资助朝鲜的经营以及中国东北的事务。此外，
北海道拓殖银行则以北海道的事务为主。总体上台湾、
朝鲜、北海道拓殖等银行也能在其他地区自由经营业
务。例如台湾银行可以在东京开设分行，朝鲜银行可以
在东京及大阪设立分行。

　　关于朝鲜银行，还要提一些其他事情。在明治四
十二年之前，第一银行也在朝鲜设立过分行，经营各
种事务。第一银行自明治十一年起，在朝鲜已经经营
了三十多年。在这期间，经历了日清战争、日俄战争
以及朝鲜政变，每逢此类大事，金融界都不得不在朝
鲜逐渐推进，第一银行再三向朝鲜政府发放政治贷
款，在日俄战争后大力拓展分行业务，攀升到了朝鲜

---

① 　1895 年清政府被迫与日本签订《马关条约》，其中规定，割让台湾
　　全岛及其附属各岛屿、澎湖列岛给日本，台湾自此沦为日本的殖民
　　地。1945 年 10 月 25 日，中国战区台湾省受降仪式在台湾举行，标
　　志着被日本殖民统治 50 年的台湾全岛及其附属各岛屿、澎湖列岛正
　　式重回祖国版图。——编者

中央银行的位置。当时目贺田男爵担任朝鲜的财政顾
问。最终，第一银行通过努力，彻底改变了朝鲜的货
币制度。朝鲜的货币原本以铜钱为主，第一银行将其
改为了金本位。此后，第一银行成为朝鲜的中央银
行，早早为发行纸币等事务处心积虑，它几乎是事实
上的朝鲜中央银行。然而在明治四十一年，故伊藤公
担任统监时，认为让一家分行担当一国的中央银行不
妥，须以总行的名义经营，或让第一银行转移总部，
或另设一大银行。然而第一银行称不便将总行转移至
朝鲜，拒绝了统监的密令，政府这才设立了韩国银
行。此后该行虽然改名为朝鲜银行，但只是徒有其
名，经营方面还是相当于第一银行的分行。

以上便是各类银行的制度概要，日本银行是中央银
行，总管统一经营；横滨正金银行等银行具有特殊的性
质，依照政府命令在各自的领域开展活动。此外普通银
行的总行及分行遍布大、中、小城市，致力于各自的业
务，在金融市场发生重大变化时由日本银行统一管理。
若遇政府发行公债等事务，东京、大阪及其他地方的各
类银行家会先行集合，依照中央银行的命令领取各自的
任务。此外，某些地方金融尤为窘困时，地方银行会根
据业务类型予以援助。例如，若宫城县金融窘困，第一
银行便会响应；若中国地区需要大量资金，三井银行便

会响应；九州则由三菱银行输入资金。总之，中央银行是中心，各家银行根据相应关系做出响应。不过金融有缓有急。我们根据缓急谋求融通，虽经历了漫长的岁月和种种苦难，但一路至今，可以说取得了一定的进步。

七、票据交易所的发展

随着银行业务的发展，其经营方面也有种种变化，下面我将进一步介绍。例如票据业务，即现金支票、外汇支票、期票等的交易。以前没有银行时，人们不知其机制，故没有此类交易。明治七八年，第一银行请教西洋人，深入探究其方法，使票据交易适应日本，不断吸引客户，开辟了此类交易。随着此类交易不断发展，票据交易所得以成立。今日这些交易所在东京、大阪及其他大城市十分兴隆。而交易所一路走到今天，经历了种种历史，绝非易事。其中详情均为无用之谈，我想就此略过，不过，票据交易所的发展和银行业务的进步是密切相关的。

第五节　公司制企业发展

一、造纸业

之后便是前文所述合本组织，即股份公司之事。关于合本组织,之前仅谈到银行制度,并未提及其他会社组织。但与第一国立银行相同,工业会社之肇始,乃是我住处附近的王子造纸公司。该造纸公司由前述三井组、小野组与未曾提及的岛田组三个经济团体所创,岛田组经济实力在三家之中稍逊。三家为政府出纳,希望在开设银行的同时,创立工业会社。因此,我便提议,制造西洋纸十分必要。我作此想,乃是从最理想的状态出发:人文既盛,必要印刷事业发达;要使印刷事业繁盛,传统日本纸便不足以应付。不以西洋之法制作西洋纸,印刷便不能发达,印制品色彩也不够鲜亮。因此,从理论上讲,造纸事业与人文进步关系最为密切。我在大藏省时,也曾试图建议政府致力于制造西洋纸,这也是造纸事业发起的开端。至于经营方面,则采用前述合本组织即股份公司的组织形式。此公司几经变迁,如今已成为大型公司,利润颇丰。获得如此成就,缘于造纸技术的几度改进。初时造纸原料为破旧棉絮,之后更换为稻秸,后又使用木材。使用棉絮制出的纸为上等品,较为贵重。王子造纸公司如今变化极大,可谓焕然一新,动力也从煤炭换为水力。

二、保险业

明治十二年,东京成立了名为东京海上保险公司的股份公司。该司如今颇具规模，其实力放诸伦敦亦颇受认可，所经营之海上保险事业在日本也首屈一指。创立公司的原因，是银行成立后，为方便押汇及货物运输，海上保险成为必须。譬如，某人于秋田购米，在秋田须用资金，便将所购之米作为抵押，借入款项，后将米以船只运往东京，作为质押。这便是押汇之法。若押汇无海上保险，事有万一，船只失事，金融业者便损失惨重。如此，便不能放心交易。因此，海上保险尤为必要。银行业者在垫付押汇款项时，须得有海上保险。故要设立此公司。而此乃一项颇具风险的事业，且不确定这一事业是否可以盈利，不可轻易设立。明治十二年，我劝说华族诸家，向其募集资金，支持保险事业，又与当时专营海运的三菱公司达成协议，方才成立这一海上保险公司。阿部泰藏随后创立的明治生命保险公司也可称保险业鼻祖，此外，火灾保险公司、伤害保险公司等各种保险公司纷纷成立，但日本保险公司的滥觞实为明治十二年创立的海上保险公司。

三、股票交易所

还有一事必须阐明，即股票交易所。为发展银行业，将公债与各股票公开以便买卖乃是必要之事。上述种种，即为如今所说有价证券。当今，各个公司发行的债券为有价证券的主体，而当时无人购买公司发行的债券，因而也无人发售。首要原因，是当时并没有公债与股票的买卖方法，也无人对其投入资金。故需一个相关负责机构。于是，明治十二年，我与十二三人联名，向大藏省请愿，取得许可，成立如今的股票交易所。此所成立之初甚是不起眼，也是历经种种变迁，才达到如今的规模。

四、纺织业

我继续讲述工业企业的事情，工业中首屈一指的便是纺织业。纺织工业的启动资本从今日来看也是巨额数字，起初明治十三年时大阪有一家大阪纺织会社（现更名为东洋纺织会社），是我主导尽力组建的纺织企业。该企业创建后，明治十九年三重县有了三重纺织会社。三重与大阪的企业合并成立了东洋纺织会社。这是当今日本纺织业中数一数二的大企业。其他如钟渊纺织、富士纺织等，在大阪和东京成立了许多大企业，我只是讲述纺织事业的开端，并不知晓后来他人组建的企业，而其起初的情形便如我之前所述。

五、海运业

现在不得不提到海运业。明治四年废藩置县之时，各藩持有的船舶收归政府，大藏省劝诱政府用这些船舶设立了邮便蒸汽船会社。可以说这是一种受政府保护而成立的企业。在此之前，今日的三菱会社，即岩崎弥太郎氏以两三艘船从事航海业。这两家企业是同行，自然会相互竞争。然而岩崎氏富于机智，其雇员也优异杰出。明治七年日本入侵台湾时政府需要大举出兵，同时命令两家企业，其中邮便蒸汽船会社行动十分迟缓，而三菱会社行动敏捷，自然多受政府听用，所以事业进步，三菱的海运事业日益昌盛，终于政府为三菱收购了美国人所持有的航路，予以保护，三菱海运业的发展势头如日中天。经济界人士对三菱会社大受政府恩惠而专横跋扈又羡又恨，最终为与之对抗成立了共同运输会社。我也是共同运输会社的赞成者。换言之，即三菱的反对者。海运业更加趋向竞争，一方为防范对方专横而组建，另一方也不甘示弱大力回击，两家企业竞争激烈。如今想来这一竞争十分可笑，总不似今日政友会和宪政会之间的政治斗争。鉴于其竞争激烈，明治十八年井上侯与政府之人商议使两家企业合并，成立了日本邮船会社。此后日本邮船会社因明治二十七八年的日清战争、明治三十七八年的日俄战争，或开辟欧洲航路，或开辟美国航路，逐渐扩张业务，经营的都是政府的指定航路。尤其是因为今日之时局获得了巨大的利润，成了强盛的大企业。此外在神户、大阪以及滩附近有社外船船主，虽有时也会经营困难，但因为时局也都获得了巨大利润，所谓的船舶暴发户的数量双手屈不可胜数，这可谓是海运业之幸。

继日本邮船会社之后受政府补助成立的是大阪商船会社。该企业经营政府指定的美国航路、中国航路。东洋汽船会社经营政府指定的旧金山航路、南美航路。此外还有日清汽船会社。这是负责中国内地经营的企业，同样受政府命令经营航运。

海运有航海奖励法，造船有造船奖励法推动其经营，时运也大力相助，尤其是靠今日之时局获得了巨大的利润，海运业才真正兴盛。当前如日本邮船会社因为利润过多引发了股东纠纷。过去股份企业没有利润，故有纠纷，利润过多而引发纠纷则令人感到有些奇怪。从另一方面来看股东也不明事理。我想应该有让董事或股东可以安心的方法。

六、陆运业

海运的发展如前所述，陆运也在日清战争后得到了长足的发展。关于铁道企业，此前便有于明治十三四年成立的日本铁道会社，虽然历经艰辛，但由于受到政府保护而取得了较大发展。其他有山阳铁道会社、九州铁道会社、北海道铁道会社、北越铁道会社、岩越铁道会社、参宫铁道会社等，我并不全都记得，但与我有关的有上述这些。朝鲜的京釜铁道、京仁铁道——这些铁道企业大多是明治二十七年战争之后发展而来的。然而铁道在明治三十九年全部被收归国有，而今留下的企业组织少得可怜，不复当年光景。而各处铁道都受铁道院支配管理，国有化之际如政府所标榜，其运输方法和运费比例也不再切合国民的利益，尤其是听说眼下各线路货物积压，真是遗憾至极。

七、会社创业之困难

除上述所言之外，各种会社逐年增加。如今，其总体资本规模不知已扩大到何等地步。如按工业、商业、运输、保险、仓库等分类统计，当初不成规模的小会社，已发展壮大为令人惊叹的大企业。

如今各类会社发展良好，不过，当初众人诸多犹豫，我有时只得牺牲个人财产，用作试验，促其发展。我以纺织会社、保险会社、制纸会社、肥料会社作为前期试点，锐意创新。如今看来，会社前景广阔，是因已见其盈利。当初投入资本时，谁也不知前景如何，因而不予响应，而响应之人在经营过程中也议论纷纷，令人伤透脑筋。此处有一实例，颇具纪念意义。明治初年，大藏省设通商司，奉政府之命，以外汇会社、开垦会社、漕运会社、商社之名创办机构，类似今日之公司。因我尚未供职于大藏省，也不知当时财政当局者谁，想来与大隈侯、伊藤公多少有些关联。然而指挥者不了解实际情况，从业者也对会社性质、运转一无所知，只是受命于政府，便负责起相关事宜。指挥官、受命者对业务一窍不通，事业必然蒙受损失。一年之间，各会社便尽数亏损破产，政府与投资者损失惨重，会社二字，令闻者生畏、生厌。而后我于大藏省任职，深感此非长久之计。要组织银行、创办造纸会社，须有一定基础；负责人应了解自身业务方可上任。我精心设计，但因众人的恐惧心理由来已久，投资者寥寥无几，会社成立初期困难重重。明治十三年，大阪纺织会社几经波折，方得以成立。如今看来该会社利益丰厚，当年有赖于棉质品进口商，才得到少量投资。创办保险会社也是如此。造纸会社由三井组、小野组、岛田组奉政府之命创立，因而还算容易，其他会社大致如前所述。我进入银行业后，坚信不将工商业引入股份制便无法从根本上改良日本实业、增加社会财富。迫于无奈，我在银行外创立各种会社，一方面能多少得些借款，另一方面能作为出资人尽心管理。长此以往，我兼营要职的会社由一两家逐渐增加至四十几家，屡屡遭人非议、讥笑，但这是因为我深知此乃新生事物必经之路，自己必须身先士卒。明治四十二年，我与所有会社断绝联系，仅余第一银行。去年，我把第一银行的职务也辞去，一身清闲。然而，由于我自明治六年至大正五年的漫长岁月里执掌诸多会社，在他人看来我不知满足，自不量力地操纵各家会社，面对此类诽谤，我亦无可奈何。

第六节　结　　语

维新后，经济界的发展大致如前所述。此外，各界都发生了许多事情，主要内容大抵如此。我所提及之事大多只与东京有关，其他地方之事则略下不表。只因东京之事历历在目，而且我多有参与、较为了解。地方上的相关事情也不在少数，亦有诸多变化，但我不甚了解，留待他日再谈。我绝无蔑视地方之意，只是对其所知甚少，请莫要曲解我的意思。另外，前述之事或招人误解，以为呕心沥血的只我一人，毕竟我所说皆是自己经手之事，但我只是要说明自己当时的处事意图、方式。其中，如确立金本位制度，又如明治九年时政府用纸币兑换银行纸币这一不规范做法、以公债改革华族士族禄制、创设日本银行、辅助横滨正金银行、创立中央银行时改革银行制度、缩短国立银行年限、改立私立银行等，皆因当局众人之苦心经营，方能取得良好成绩。

可见是各方贤哲之智慧大力促进了事物进步，今日之发达乃多方助力之结果。总而言之，是世道时运、社会进步推动了事物发展。如非时运相助，任制度再优秀、人才再机敏，日本银行也不会壮大至此，各银行、会社也不会取得如此发展。如此想来，个人的作用，在某种意义上恰如古人良言"知者创物，能者述焉"，值得深思。一言以蔽之，经济界之发展，得益于时运。个人所为，不过发挥了部分作用。如将此事比作养生，朝夕散步、腹式呼吸、坚持服用保健品之所以生效，是因人本身体格良好、发育完善，如一味依赖医者帮助，断不能维持健康。如此看来，今日之昌隆与其归功于人，不如归功于社会。

经涩泽男爵提醒，将本书记述事宜相关统计附录如下。

表 1　金银流出流入额

金额单位：日元

年　份	流出/流入额	年　份	流出/流入额
明治五年	789 386	明治九年	2 408 460
明治六年	2 042 385	明治十年	7 267 772
明治七年	12 923 471	明治十一年	6 139 552
明治八年	14 365 649	明治十二年	9 644 060

（续表）

年　份	流出/流入额	年　份	流出/流入额
明治十三年	9 584 763	明治三十二年	Δ8 985 253
明治十四年	5 634 400	明治三十三年	45 189 228
明治十五年	Δ1 730 527	明治三十四年	3 088 350
明治十六年	Δ2 294 936	明治三十五年	Δ30 122 377
明治十七年	Δ606 687	明治三十六年	Δ8 806 271
明治十八年	Δ3 290 396	明治三十七年	73 849 203
明治十九年	454 574	明治三十八年	15 152 217
明治二十年	2 164 222	明治三十九年	Δ21 426 771
明治二十一年	Δ899 047	明治四十年	10 502 782
明治二十二年	Δ8 984 716	明治四十一年	Δ13 771 584
明治二十三年	12 577 925	明治四十二年	Δ73 003 175
明治二十四年	Δ12 435 562	明治四十三年	7 503 294
明治二十五年	Δ13 154 004	明治四十四年	18 230 018
明治二十六年	1 102 701	明治四十五年	16 780 802
明治二十七年	7 594 458	大正二年	26 071 995
明治二十八年	21 427 535	大正三年	20 542 854
明治二十九年	Δ27 543 324	大正四年	20 269 506
明治三十年	Δ62 247 549	大正五年	Δ72 590 482
明治三十一年	44 423 700		

注：1. Δ 为流入额。

2. 明治二十年前的金是金币储备，银是银币储备，明治三十年九月末前金银同是银币储备，之后全是金币储备。

资料来源：《大日本贸易年表》

表2 世界金银比价表

年份 （公元）	年份 （明治）	金银比	年份 （公元）	年份 （明治）	金银比
1873	六	15.92	1886	十九	20.78
1874	七	16.17	1887	二十	21.13
1875	八	16.58	1888	二十一	21.99
1876	九	17.88	1889	二十二	22.1
1877	十	17.22	1890	二十三	19.76
1878	十一	17.94	1891	二十四	20.92
1879	十二	18.4	1892	二十五	23.72
1880	十三	18.05	1893	二十六	26.43
1881	十四	18.16	1894	二十七	32.56
1882	十五	18.19	1895	二十八	31.61
1883	十六	18.64	1896	二十九	30.65
1884	十七	18.57	1897	三十	34.34
1885	十八	19.41			

资料来源：《货币制度调查会报告》

表3 全国国立银行数量及资本（截至年底）

年 份	总 店	支 店	资本/日元
明治六年	2	5	3 000 000
明治七年	4	8	3 450 000
明治八年	4	10	3 450 000
明治九年	5	10	2 350 000
明治十年	26	19	22 986 100

（续表）

年 份	总 店	支 店	资本/日元
明治十一年	95	39	33 596 063
明治十二年	151	82	40 616 063
明治十三年	151	103	43 041 100
明治十四年	148	110	43 886 100
明治十五年	143	121	44 206 100
明治十六年	141	122	44 386 100
明治十七年	140	124	44 536 100
明治十八年	139	110	44 456 100
明治十九年	136	122	44 416 100
明治二十年	136	134	45 838 851
明治二十一年	135	149	86 877 639
明治二十二年	134	149	47 681 379
明治二十三年	134	149	48 644 662
明治二十四年	134	145	48 701 100
明治二十五年	133	140	48 325 600
明治二十六年	133	153	48 416 100
明治二十七年	133	175	48 816 100
明治二十八年	133	180	48 951 100
明治二十九年	121	165	44 761 770
明治三十年	58	66	13 630 000
明治三十一年	4	1	350 000

资料来源：《银行便览》

表4　政府纸币与银行纸币流通额（明治五年至明治三十二年）

单位：日元

年　　份	政府纸币流通额	银行纸币流通额	合　　计
明治五年	68 400 000	—	68 400 000
明治六年	88 281 014. 234	1 362 210	89 643 224. 234
明治七年	101 802 304. 39	1 995 000	103 797 304. 39
明治八年	99 071 869. 976 5	1 420 000	100 491 869. 98
明治九年	105 147 582. 76	1 744 000	106 891 582. 76
明治十年	105 797 092. 33	13 352 751	119 149 843. 33
明治十一年	139 418 592. 06	26 279 006	165 697 598. 06
明治十二年	130 308 921. 36	34 046 014	164 354 935. 36
明治十三年	124 940 485. 86	34 426 351	159 366 836. 86
明治十四年	118 905 149. 98	34 396 818	153 301 967. 98
明治十五年	109 369 014. 23	34 385 349	143 754 363. 23
明治十六年	97 999 277. 432	34 275 735. 5	132 275 012. 93
明治十七年	93 380 233. 632	31 015 942	124 396 175. 63
明治十八年	88 345 096. 232	30 155 389	118 500 485. 23
明治十九年	67 800 838. 732	29 501 484. 5	97 302 323. 232
明治二十年	55 815 044. 432	28 604 133. 5	84 419 177. 932
明治二十一年	46 734 733. 182	27 679 656. 5	74 414 389. 682
明治二十二年	41 190 582. 582	26 739 205. 5	67 929 788. 082
明治二十三年	33 272 714. 6	25 810 720. 5	59 083 435. 1
明治二十四年	27 886 721. 1	24 869 508. 5	52 756 229. 6

（续表）

年　份	政府纸币流通额	银行纸币流通额	合　　计
明治二十五年	20 828 244. 75	23 890 509. 5	44 718 754. 25
明治二十六年	16 407 000. 25	22 756 118. 5	39 163 118. 75
明治二十七年	13 404 547. 25	21 781 796	35 186 343. 25
明治二十八年	11 129 224. 25	20 796 786	31 926 010. 25
明治二十九年	9 376 171. 75	16 497 889	25 874 060. 75
明治三十年	7 451 098. 25	5 024 728. 5	12 475 826. 75
明治三十一年	5 411 726. 35	1 866 563	7 278 289. 35
明治三十二年	4 125 783	—	4 125 783

表5　东京市内商品批发行情高低指数

年　份	批发行情高低指数					
	米	味增	盐	酱油	柴	炭
明治六年	100	100	100	100	100	100
明治七年	152	114	105	99	98	93
明治八年	149	146	112	109	133	117
明治九年	107	142	80	124	136	111
明治十年	111	138	76	130	125	100
明治十一年	133	150	144	137	105	124
明治十二年	166	181	192	152	153	137
明治十三年	220	250	185	141	202	159
明治十四年	221	266	171	173	278	246

（续表）

年　　份	批发行情高低指数					
	米	味增	盐	酱油	柴	炭
明治十五年	184	221	158	157	305	226
明治十六年	131	192	125	121	232	150
明治十七年	110	147	92	146	187	121
明治十八年	138	174	113	139	179	121
明治十九年	125	156	92	138	128	98
明治二十年	103	153	86	138	153	127
明治二十一年	105	148	79	152	139	142
明治二十二年	125	155	143	159	145	127
明治二十三年	186	203	124	138	149	165
明治二十四年	146	198	113	141	145	167
明治二十五年	151	197	108	154	158	179
明治二十六年	154	192	95	156	162	165
明治二十七年	165	189	91	158	171	150

注：1. 以明治六年的行情为基准（100）。
　　2. 明治六年商品批发行情如下表所示：

商品（单位）	米（1石）	味增（10贯①）	赤穗盐（10袋）	酱油（10桶）	常陆枯松（100根）	常陆炭（10袋）
价格/日元	4.8	0.8	3.043	6.061	0.8	1.429

资料来源：《货币制度调查会报告》

① 贯：日本古代重量单位。1贯约等于3.75千克。——译者

表6 物品进出口总额

单位：日元

年　　份	出　　口	进　　口	贸易顺差 （Δ 为贸易逆差）
明治五年	17 026 647	26 174 815	Δ9 148 168
明治六年	21 635 441	28 107 390	Δ6 471 949
明治七年	19 317 306	23 461 814	Δ4 144 508
明治八年	18 611 111	29 975 628	Δ11 364 517
明治九年	27 711 528	23 964 679	3 746 849
明治十年	23 348 522	27 420 903	Δ4 072 381
明治十一年	25 988 140	32 874 834	Δ6 886 694
明治十二年	28 175 770	32 953 002	Δ4 777 232
明治十三年	28 395 387	36 626 601	Δ8 231 214
明治十四年	31 058 888	31 191 246	Δ132 358
明治十五年	37 721 751	29 446 554	8 275 157
明治十六年	36 268 020	28 444 842	7 823 178
明治十七年	33 871 466	29 672 647	4 198 819
明治十八年	37 146 691	29 356 968	7 789 722
明治十九年	48 876 313	32 168 432	16 707 881
明治二十年	52 407 681	44 304 252	8 103 429
明治二十一年	65 705 501	65 455 234	520 276
明治二十二年	70 060 706	66 103 767	2 956 939
明治二十三年	56 603 506	81 728 581	Δ25 125 075
明治二十四年	79 527 272	62 927 268	16 600 004

（续表）

年　份	出　口	进　口	贸易顺差 （△ 为贸易逆差）
明治二十五年	91 102 754	71 326 080	19 776 674
明治二十六年	89 712 865	88 257 172	1 455 693
明治二十七年	113 246 086	117 481 955	△4 235 869
明治二十八年	136 112 178	129 260 578	6 851 600
明治二十九年	117 842 761	171 674 474	△53 831 713
明治三十年	163 135 077	219 300 772	△56 165 695
明治三十一年	165 153 753	277 502 157	△111 748 404
明治三十二年	214 929 894	220 401 925	△5 472 031
明治三十三年	204 429 993	287 261 845	△82 831 851
明治三十四年	252 349 543	255 816 644	△3 467 101
明治三十五年	258 303 064	271 731 258	△13 428 193
明治三十六年	289 502 442	217 135 517	△27 633 075
明治三十七年	319 260 896	371 360 738	△52 099 842
明治三十八年	321 533 610	488 538 017	△167 004 406
明治三十九年	423 754 892	418 784 108	4 970 784
明治四十年	432 418 875	494 467 346	△62 054 473
明治四十一年	378 205 673	436 257 462	△58 011 789
明治四十二年	413 112 511	394 198 843	18 913 668
明治四十三年	458 428 996	464 233 808	△5 804 813
明治四十四年	447 433 888	513 805 705	△66 371 817
明治四十五年	526 981 842	618 992 277	△92 010 435
大正二年	632 460 213	729 431 644	△96 971 431

（续表）

年　份	出　口	进　口	贸易顺差 （Δ为贸易逆差）
大正三年	591 101 461	595 735 725	Δ4 634 264
大正四年	708 306 997	532 449 938	175 857 059
大正五年	1 127 468 118	756 427 910	371 040 208

资料来源：《大日本贸易年表》

表7　单位金币及银币对应纸币行情（明治五年至明治十九年）

年　份	单位金币对应 纸币/日元	单位银币对应 纸币/日元
明治五年	0	1.018
明治六年	0.999	1.036
明治七年	1.004	1.038
明治八年	1.008	1.029
明治九年	1.019	0.989
明治十年	1.04	1.033
明治十一年	1.158	1.099
明治十二年	1.339	1.212
明治十三年	1.573	1.477
明治十四年	1.84	1.695
明治十五年	1.69	1.571
明治十六年	1.394	1.264
明治十七年	1.198	1.089

（续表）

年　　份	单位金币对应 纸币/日元	单位银币对应 纸币/日元
明治十八年	1. 218	1. 055
明治十九年	1. 246	1

注：明治十九年以后，银币与纸币等价，故不再收录行情。

资料来源：《币制改革始末概要》

表8　全国银行数及资本（截至大正五年底）

门　　类		银行数	资　　本	
			注册资本/日元	已缴资本/日元
日本银行		1	60 000 000	37 500 000
横滨正金银行		1	48 000 000	30 000 000
日本劝业银行		1	40 000 000	25 000 000
日本兴业银行		1	17 500 000	17 500 000
北海道拓殖银行		1	5 000 000	5 000 000
台湾银行		1	20 000 000	14 992 475
农工银行		46	53 970 000	47 203 805
储蓄银行		664	201 374 850	126 037 985
一般银行	股份公司	1 219	499 954 710	348 415 226
	合名公司	66	15 079 950	15 079 950
	合资公司	89	11 113 635	11 078 635
	股份合资公司	1	200 000	87 500
	个人	52	3 751 520	3 751 520
朝鲜银行内地支店		2	—	—

（续表）

门　类		银行数	资　本	
			注册资本/日元	已缴资本/日元
外国银行内地支店	储蓄银行	3	2 500 000	—
	一般银行	7	2 675 000	—
总　　计		2 155	981 119 665	681 647 096

资料来源：《银行总览》

表9　银行总、支店及办事处数量与资本、准备金（截至年底）

年　份	总 店 数 量			支店及办事处数量	已缴资本/日元	存款准备金/日元
明治十七年	国立	日本	142	127	52 536 100	3 710 500
		正金				
	私立		214	—	19 421 600	—
明治二十七年			862	401	101 379 881	30 231 153
明治三十七年			2 227	2 019	373 194 286	92 865 961
大正四年			2 151	3 430	651 237 077	255 145 597

注：明治十七年银行类似公司数为741，资本为15 142 748日元。
资料来源：《统计年鉴》

表10　票据交易数量及金额

年　份	东京票据交易所		大阪票据交易所		全国累计	
	数量/张	金额/日元	数量/张	金额/日元	数量/张	金额/日元
明治十九年	—	—	66 777	22 074 694	66 777	22 074 694
明治二十九年	349 423	417 425 507	324 816	138 409 334	674 239	555 834 841
明治三十九年	3 101 809	3 500 853 674	2 123 266	1 463 860 159	6 942 495	7 124 054 684
大正五年	5 548 882	9 083 119 057	3 995 966	6 035 160 398	13 369 329	20 129 695 864

资料来源：《银行便览》《银行通信录》

表 11－1　国债发行额、偿还额、未偿还额
（现存国债与国内债务）

类　型	年　份	发行额/日元	偿还额/日元	未偿还额/日元
现存国债	大正五年	2 817 498 575	325 180 633	2 482 317 942
国内债务	大正五年	1 292 853 375	195 388 847	1 097 464 528

包括：旧公债，五分利公债，五分利公债（甲号），五分利公债（特别），五分利公债（恩赐），第一次四分利公债，第二次四分利公债，朝鲜事业费国库债券，铁道债券。

表 11－2　国债发行额、偿还额、未偿还额（国外债务总计）

类　型	年　份	发行额/日元	偿还额/日元	未偿还额/日元
国外债务	大正五年	1 524 645 200	139 791 776	1 384 853 416

包括：第一次四分利付英镑公债，第一次四分半利付英镑公债，第二次四分半利付英镑公债，第二次四分利付英镑公债，五分利付英镑公债，四分利付法郎公债，第三次四分利付英镑公债，法郎国库债券，旧铁道公司债，英镑铁道债券，英镑铁道证券。

表 11－3　国债发行额、偿还额（已偿还国债与国内债务）

类　型	年　份	发行额/日元	偿还额/日元	未偿还额/日元
已偿还国债	大正五年	1 594 438 940	1 594 438 940	—
国内债务	大正五年	1 250 075 440	1 280 075 440	—

包括：新公债，金札兑换公债，秩俸公债，金俸公债，旧神宫配当禄公债，起业公债，中仙道铁道公债，金札兑换无记名公债，海军公债，整理公债，铁道费补充公债，军事公债，五分利公债，五分利公债（乙号），台湾事业公债，旧韩国政府公债，国库债券，国库债券（烟草专卖法所定部分），旧铁道公司债。

表 11–4　国债发行额、偿还额（国外债务）

类　型	年　份	发行额/日元	偿还额/日元	未偿还额/日元
国外债务	大正五年	314 363 500	314 363 500	——

包括：九分利付外国公债，七分利付外国公债，第一次六分利付英镑公债，第二次六分利付英镑公债，英镑铁道证券，英镑铁道债券。

表 11–5　国债发行额、偿还额、未偿还额（总计）

年　份	发行额/日元	偿还额/日元	未偿还额/日元
大正五年	4 411 937 515	1 929 619 573	2 482 317 942

注：统计截至年底。
资料来源：《金融事项参考书》

表 12　保险公司设立年月

人 寿 保 险			意外伤害及损失险		
公司名	设立年份	设立月份	公司名	设立年份	设立月份
明治	明治十四年	七	日本伤害	明治四十四年	六
帝国	明治二十一年	三	东京海上	明治十一年	十二
日本	明治二十二年	七	东京火灾	明治二十一年	十
太阳	明治二十六年	六	明治火灾	明治二十四年	二
共同	明治二十六年	十二	日本火灾	明治二十五年	四
有邻	明治二十七年	三	帝国海上运送火灾	明治二十六年	九
共济	明治二十七年	三			
日本共立	明治二十七年	四	大阪海上火灾	明治二十六年	十
仁寿	明治二十七年	九			
共保	明治二十八年	二	日本海上	明治二十九年	四
日本教育	明治二十九年	九			
爱国	明治二十九年	十二	小樽货物火灾	明治三十年	五
东洋	明治三十三年	十			
大同	明治三十五年	七	横滨火灾海上运送信用	明治三十年	八
✖第一	明治三十七年	九			
✖千代田	明治三十九年	三	日本动产火灾	明治三十一年	二
万岁	明治四十年	八			
日清	明治四十年	二	共同火灾	明治三十九年	六
横滨	明治四十年	三	神户海上运送火灾	明治四十年	五
日之出	明治四十年	五			
✖国光	明治四十年	八	东明火灾海上	明治四十年	九
神国	明治四十一年	七			

（续表）

人 寿 保 险			意外伤害及损失险		
公司名	设立年份	设立月份	公司名	设立年份	设立月份
福寿	明治四十一年	九	东洋海上	明治四十一年	六
富士	明治四十二年	三	第一机关汽罐	明治四十一年	十
太平	明治四十二年	四			
✖东海	明治四十三年	四	浪速火灾	明治四十三年	三
✖蓬莱	明治四十三年	八	福寿火灾	明治四十四年	二
福德	明治三十五年	四			
旭日	大正一年	八	日清火灾海上	明治四十四年	十一
常磐	大正二年	二			
八千代	大正二年	四	东邦火灾	明治四十四年	十一
大正	大正二年	五	丰国火灾	明治四十五年	二
✖中央	大正二年	十二			
大安	大正三年	二	帝国火灾	明治四十五年	七
高砂	大正三年	四	千代田火灾	大正二年	八
博济	大正三年	五			
日华	大正三年	十	日章火灾海上再保险	大正六年	三
东华	大正三年	十			
征兵	明治三十一年	二	第一火灾海上再保险	大正六年	四
日本征兵生存	明治四十四年	十			

注：1. 统计截至大正六年 9 月底。
   2. ✖为相互保险公司。
   资料来源：《保险年鉴》

表 13－1　各种保险公司数、资本、准备金、截至年末契约（总计）

年　份	公司数	注册资本/日元	已缴资本/日元	准备金/日元	截至年末契约	
					契约数	金额/日元
大正三年	89	178 020 000	48 443 750	154 304 674	3 094 993	3 452 760 537
明治三十七年	56	33 905 000	9 358 188	27 681 392	1 226 454	939 345 587

表 13－2　公司数、资本、准备金、截至年末契约
（普通人寿保险公司）

年　份	公司数	注册资本/日元	已缴资本/日元	准备金/日元	截至年末契约	
					契约数	金额/日元
大正三年	45	23 296 000	7 406 220	128 839 307	1 862 369	1 085 038 345
	*2	*800 000	*425 000			
明治三十七年	34	8 505 000	2 757 938	22 328 481	721 275	213 376 831
	*1	*300 000	*75 000			
明治二十七年	8	1 800 000	539 040	2 075 348	103 827	31 909 250
明治十七年	1	—	100 000	168 129	2 468	1 351 200

注：＊表示其他保险业务兼营副业的资本。下同。

表 13－3　公司数、资本、准备金、截至年末契约
（火灾保险公司）

年　份	公司数	注册资本/日元	已缴资本/日元	准备金/日元	截至年末契约	
					契约数	金额/日元
大正三年	24	43 800 000	11 540 000	14 122 017	908 841	1 430 922 965
	*4	*15 000 000	*3 900 000			

（续表）

年　份	公司数	注册资本/日元	已缴资本/日元	准备金/日元	截至年末契约	
					契约数	金额/日元
明治三十七年	17	23 000 000	6 097 000	2 439 226	469 683	639 797 614
	*2	*6 000 000	*1 500 000		Δ572	Δ52 619 319
明治二十七年	3	3 000 000	700 000	67 863	23 776	23 796 697

注：Δ 为按日计息保险。

表 13 - 4　公司数、资本、准备金、截至年末契约
（信用保险公司）

年　份	公司数	注册资本/日元	已缴资本/日元	准备金/日元	截至年末契约	
					契约数	金额/日元
大正三年	*1	*5 000 000	*1 250 000	40 300	2 036	1 706 320

表 13 - 5　公司数、资本、准备金、截至年末契约
（机械锅炉保险公司）

年　份	公司数	注册资本/日元	已缴资本/日元	准备金/日元	截至年末契约	
					契约数	金额/日元
大正三年	1	50 000	125 000	13 496	155	2 180 450

表 13 - 6　公司数、资本、准备金、截至年末契约
（海上保险公司）

年　份	公司数	注册资本/日元	已缴资本/日元	准备金/日元	截至年末契约	
					契约数	金额/日元
大正三年	11	17 000 000	4 400 000	17 854 084	39 599	113 320 172
	*6	*24 000 000	*6 230 000			

（续表）

年　　份	公司数	注册资本/日元	已缴资本/日元	准备金/日元	截至年末契约	
					契约数	金额/日元
明治三十七年	3	7 500 000	1 875 000	2 658 833	10 688	30 907 583
明治二十七年	3	5 400 000	1 170 000	516 000	Δ98 822	Δ201 480 066
明治十七年	1	—	997 460	—	Δ7 916	13 640 705

注：Δ为年内总数。

表 13 - 7　公司数、资本、准备金、截至年末契约
（疾病保险公司）

年　　份	公司数	注册资本/日元	已缴资本/日元	准备金/日元	截至年末契约	
					契约数	金额/日元
大正三年	*1	*300 000	75 000	—	—	—
明治三十七年	*1	*300 000	75 000	142	58	12 300

表 13 - 8　公司数、资本、准备金、截至年末契约
（征兵保险公司）

年　　份	公司数	注册资本/日元	已缴资本/日元	准备金/日元	截至年末契约	
					契约数	金额/日元
大正三年	2	800 000	425 000	6 525 209	265 433	42 113 089
明治三十七年	1	300 000	75 000	196 849	22 638	878 030
	*1	*300 000	*75 000			

表 13－9　公司数、资本、准备金、截至年末契约
（运送保险公司）

年　份	公司数	注册资本/日元	已缴资本/日元	准备金/日元	截至年末契约	
					契约数	金额/日元
大正三年	8	36 000 000	9 380 000	192 994	3 186	5 353 546
明治三十七年	1	200 000	53 250	57 861	1 540	1 754 310
	*3	*11 000 000	*2 750 000			

表 13－10　公司数、资本、准备金、截至年末契约
（意外伤害保险公司）

年　份	公司数	注册资本/日元	已缴资本/日元	准备金/日元	截至年末契约	
					契约数	金额/日元
大正三年	8	36 000 000	9 380 000	192 994	3 186	5 353 546
明治三十七年	1	200 000	53 250	57 861	1 540	1 754 310
	*3	*11 000 000	*2 750 000			

表 13－11　公司数、资本、准备金、截至年末契约
（汽车保险公司）

年　份	公司数	注册资本/日元	已缴资本/日元	准备金/日元	截至年末契约	
					契约数	金额/日元
大正三年	*1	*4 000 000	1 000 000	152 293	19	92 477

表 14 - 1　股票交易所买卖成交情况

金额单位：日元

年份	地点	金禄公债	其他公债	银行股票	股票交易所及米商会所股票	金币	银币	总计
明治十二年上半季	东京	55 230 800	1 126 800	18 100	251 000			56 625 700
	大阪	17 597 300	496 000		15 750			18 109 700
明治十二年下半季	东京	33 386 600	12 600	5 100	823 400	177 800	20 969 900	55 468 700
	大阪	7 703 100	306 000		573 000	1 176 000	10 841 300	20 599 400

表 14 - 2

年　份	地点	公债证券/日元	银行股票/股	公司股票/股
明治二十二年	东京		29 958	2 008 566
	大阪	2 800	4 658	1 705 050

表 14 - 3

年　份	地点	债券/日元		银行股票/股		铁道公司股票/股	
		国债	地方债	100 円	50 円	普通 50 円	电力 50 円
明治三十二年	东京	26 000	34 000		135 370	3 158 040	26 600
	大阪	28 000	40 200		314 666	3 977 283	21 652
明治四十二年	东京			470		80 530	1 820 580
	大阪	27 582 000			1 100	225 820	2 356 110
大正三年	东京				37 060	1 000	6 890
	大阪	5 463 481			59 330	1 840	726 050

表 14－4

年 份	地点	陆运公司股票/股		水运公司股票/股		其他各公司股票/股	
		50 圆	50 圆	25 圆	50 圆	25 圆	20 圆
明治三十二年	东京		1 489 910		366 150	12 690	380
	大阪		2	146 010	141 437		
明治四十二年	东京	490	1 038 450		5 773 770		
	大阪		262 740		4 865 540		
大正三年	东京		672 530		6 406 460		
	大阪		280 930		5 583 500		

表 14－5　粮食交易所交易量

年 份		东京/石	大阪/石	全国总计/石
明治十二年	兜町	7 402 295	23 003 940	115 651 535
	蛎壳町	32 711 920		
明治二十二年		7 509 000	5 764 000	30 649 000
明治三十二年		12 591 000	6 342 220	80 292 390
明治四十二年		16 645 300	10 999 650	58 049 217
大正三年		25 661 400	25 581 440	129 991 349

资料来源：《统计年鉴》

表 15－1　纺织公司数及资本

年 份	公 司 数	已缴资本/日元
明治十七年	6	275 610
明治二十七年	53	14 337 596

214

（续表）

年　份	公　司　数		已缴资本/日元
明治三十七年	棉线	40	32 392
	其他	6	6 035
大正四年	棉线	29	60 185 914
	其他	8	16 843 655

注：资本中"其他"一项已经调查完善。明治二十七年以前的数字不仅表示棉线纺织公司。

表 15 - 2　棉线纺织工厂数及棉线产量

年　份	工　厂　数	棉线产量/捆
明治二十七年	45	14 620 008
明治三十七年	74	34 569 430
大正四年	273	85 288 449

资料来源：《统计年鉴》

表 16 - 1　汽船总数（截至年底）

年　份	登　记		未　登　记		合　　计	
	船数	吨位	船数	吨位	船数	吨位
明治十七年	227	58 490	233	4 824	460	
明治二十七年	461	163 768	284	5 646	745	
明治三十七年	1 224	790 460	591	6 896	1 815	797 366
大正四年	2 132	1 604 900	1 504	18 191	3 636	1 603 091

表 16 - 2　日本邮船公司（明治十八年九月设立）

年　份	资本/日元	已缴资本/日元	年　　底	
			汽船数	总吨位
明治十九年		11 000 000	76	62 941
明治二十七年	8 800 000	8 800 000	72	54 872
明治三十七年	22 000 000	22 000 000	108	237 352
大正四年	22 000 000	22 000 000	131	429 252

表 16 - 3　大阪商船公司（明治十七年五月设立）

年　份	资本/日元	已缴资本/日元	年　　底	
			汽船数	总吨位
明治十七年	1 163 900	1 163 900	95	10 583
明治二十七年	2 500 000	1 940 000	57	11 578
明治三十七年	11 000 000	6 875 000	110	69 781
大正四年	24 750 000	1 300 000	130	211 075

表 16 - 4　东洋汽船公司（明治二十九年六月设立）

年　份	资本/日元	已缴资本/日元	年　　底	
			汽船数	总吨位
明治二十九年				
明治三十七年	13 000 000	3 250 000	6	22 529
大正四年	13 000 000	9 750 000	14	85 034

资料来源：《统计年鉴》《递信省年报》

表 17 日本铁路情况

年 份	铁道开设线路（英里、链）				每百平方英里内里程数
	国有	私营	轻轨	总计	
明治七年	38.08	—	—	38.08	0.12
明治十七年	181.78	80.63	—	262.61	1.04
明治二十七年	580.69	1 537.35	—	2 118.24	8.46
明治三十七年	1 428.48	3 264.78	—	4 693.46	18.75
大正四年	5 756.76	215.57	1 461.36	7 435.69	29.56

注：英里、链均为英制长度单位。
资料来源：《统计年鉴》

表 18 全国公司营业类别（截至年底）

金额单位：千日元

营业类别		明治十七年	明治二十七年	明治三十七年	大正四年
农业	公司数	61	118	238	492
	已缴资本	1 234	1 188	3 220	31 736
	准备金	—	76	174	3 837
工业	公司数	379	778	2 384	5 489
	已缴资本	5 048	44 589	162 836	879 540
	准备金	—	3 431	27 873	113 384
商业	公司数	654	998	5 609	9 943
	已缴资本	8 984	20 014	455 822	1 010 946
	准备金	—	3 692	143 070	516 746
水路运输业	公司数	204	210	682	1 225
	已缴资本	6 891	82 560	309 412	245 508
	准备金	—	1 495	28 110	51 258

（续表）

营业类别		明治十七年	明治二十七年	明治三十七年	大正四年
总计	公司数	1 298	2 104	8 913	17 149
	已缴资本	22 161	148 352	931 252	2 167 724
	准备金	—	8 625	199 228	685 219

注：1. 明治十七年的数据没有农工商与水陆运输之别，两人以上合资的公司及个人以公司名义进行上述经营活动的亦在统计之中。但米商会所、股票交易所、国立银行及银行类似公司不在其中。

2. 明治二十七年的数据不含股份制交易所及银行。

资料来源：《统计年鉴》

附录二
涩泽荣一年谱

年龄	公元	和　历	涩泽事件	日本乃至全球的动向
0	1840	天保十一年	2 月 13 日，出生于现埼玉县深谷市血洗岛村	鸦片战争爆发
7	1847	弘化四年	随表兄尾高惇忠学习汉籍	
14	1854	安政一年	致力于家中田产、养蚕及蓼蓝批发业	
18	1858	安政五年	与表妹千代（尾高惇忠之妹）结婚	《日美友好通商条约》签订；安政大狱
23	1863	文久三年	计划夺取高崎城、火攻横滨，计划中止后逃往京都	井伊大老遭暗杀（1860）
24	1864	元治一年	效忠于一桥庆喜	外国舰队炮轰下关
25	1865	庆应一年	受任一桥家步兵取立敕使，巡视一桥家领土	
26	1866	庆应二年	庆喜继任征夷大将军，涩泽成为幕臣	幕府讨伐长州；萨长同盟结成
27	1867	庆应三年	随德川昭武前往法国（巴黎万国博览会使节团）	大政奉还；王政复古

（续表）

年龄	公元	和　历	涩　泽　事　件	日本乃至全球的动向
28	1868	明治一年	因明治维新回国，于静冈拜见庆喜	戊辰战争（1868—1869）
29	1869	明治二年	于静冈藩设立"商法会所"；出仕明治政府，任大藏省租税正；兼任大藏省改正挂长官	迁都东京；东京至横滨间电信开通
30	1870	明治三年	任官营富冈制丝场装置主任	平民可以冠姓
31	1871	明治四年	任纸币头；发布《立会略则》	废藩置县
32	1872	明治五年	负责大藏少辅事务；申请设立抄纸会社	新桥至横滨间铁路开通
33	1873	明治六年	辞去大藏省职务；创办第一国立银行并任总监；成立抄纸会社（后为王子造纸公司，涩泽任取缔役会长）	《国立银行条例》颁布；《地租改革条例》颁布
34	1874	明治七年	受东京府知事之托取缔共有金	
35	1875	明治八年	任第一国立银行头取；创立商法讲习所	
36	1876	明治九年	任东京会议所会头、东京府养育院事务长（后任院长）	私立三井银行开业

（续表）

年龄	公元	和 历	涩 泽 事 件	日本乃至全球的动向
37	1877	明治十年	创立择善会（后为东京银行集会所，涩泽任会长）；开始在王子西原建造别墅	西南战争
38	1878	明治十一年	创立东京商法会议所并任会头（后为东京商业会议所，涩泽任会头）	
39	1879	明治十二年	举办格兰特将军（第18任美国总统）欢迎会（涩泽任东京接待委员长）	
40	1880	明治十三年	创立并加入博爱社（后为日本红十字会，涩泽为常任议员）	
42	1882	明治十五年	夫人千代去世	日本银行开始营业
43	1883	明治十六年	发起并参与建成大阪纺织会社工场（后任相谈役）；与伊藤兼子结婚	鹿鸣馆开馆
44	1884	明治十七年	任日本铁道会社理事委员（后任取缔役）	《华族令》颁布
45	1885	明治十八年	创立日本邮船会社（后任取缔役）；任东京养育院院长；创立东京瓦斯会社（涩泽为创立委员长，后为取缔役会长）	内阁制度制定

（续表）

年龄	公元	和　历	涩泽事件	日本乃至全球的动向
46	1886	明治十九年	创立"龙门社"；设立东京电灯会社（后为委员）	
47	1887	明治二十年	发起创建日本炼瓦制造会社（后为取缔役会长）；作为发起人总代表创立帝国酒店（后为取缔役会长）	
48	1888	明治二十一年	作为发起人总代表创立札幌麦酒会社（后为取缔役会长）；东京女学馆开馆，涩泽任会计监督（后任馆长）	
49	1889	明治二十二年	创立东京石川岛造船所并任委员（后任取缔役会长）	《大日本帝国宪法》颁布
50	1890	明治二十三年	受任贵族院议员	第一次帝国议会召开
51	1891	明治二十四年	创立东京交换所并任委员长	
52	1892	明治二十五年	创立东京储蓄银行并任取缔役（后任取缔役会长）	日清战争（中日甲午战争）爆发（1894）
55	1895	明治二十八年	创立北越铁道会社并任监查役（后为相谈役）	《日清讲和条约》（《马关条约》）签订

（续表）

年龄	公元	和　历	涩泽事件	日本乃至全球的动向
56	1896	明治二十九年	创立日本精糖会社并任取缔役； 第一国立银行营业期满，改为第一银行，涩泽继续任头取； 任日本劝业银行创建委员	
57	1897	明治三十年	涩泽仓库部开业（后为涩泽仓库会社，涩泽为发起人）	金本位制度确立
60	1900	明治三十三年	任日本兴业银行创建委员； 受封男爵	
61	1901	明治三十四年	日本女子大学开校，涩泽任会计监督（后任校长）； 以东京飞鸟山邸为本宅	
62	1902	明治三十五年	在夫人兼子的陪同下前往欧美考察； 会见罗斯福总统	《英日同盟条约》签订
64	1904	明治三十七年	风寒久拖不愈，长期静养	日俄战争爆发
66	1906	明治三十九年	创立东京电力会社并任取缔役； 创立京阪电气铁道会社并任创立委员长（后为相谈役）	《铁道国有法》颁布
67	1907	明治四十年	创立帝国剧场会社并任创立委员长（后任取缔役会长）	经济危机，股价暴跌

（续表）

年龄	公元	和 历	涩泽事件	日本乃至全球的动向
68	1908	明治四十一年	招待美国太平洋沿岸实业家一行	
69	1909	明治四十二年	辞去多家企业、多个团体的职务； 组织渡美实业团，作为团长赴美； 会见塔夫脱总统	
70	1910	明治四十三年	创立政府咨询机关——生产调查会并任副会长	日韩合并
71	1911	明治四十四年	受一等叙勋，被授予瑞宝章	
72	1912	大正一年	创立纽约日本协会协赞会并任名誉委员长； 成立归一协会	
73	1913	大正二年	创立日本结核预防协会并任副会头（后任会头）； 创立日本实业协会并任会长	
74	1914	大正三年	为促成日中经济合作访华	第一次世界大战爆发
75	1915	大正四年	赴美参加巴拿马运河开通博览会； 会见威尔逊总统	
76	1916	大正五年	辞去第一银行头取等职务，退出实业界； 日美关系委员会成立，涩泽任常务委员	

（续表）

年龄	公元	和　历	涩　泽　事　件	日本乃至 全球的动向
77	1917	大正六年	创立日美协会并任名誉副会长	金本位制度名存实亡
78	1918	大正七年	涩泽所著《德川庆喜公传》（龙门社）发行	
79	1919	大正八年	创立协调会并任副会长	《凡尔赛和约》签订
80	1920	大正九年	创立国际联盟协会并任会长； 受封子爵	股价暴跌（战后经济危机）
81	1921	大正十年	赴美进行排日问题善后工作；面见哈定总统	
83	1923	大正十二年	创立大地震善后会并任副会长	关东大地震
84	1924	大正十三年	日法会馆开馆，涩泽任理事长； 任东京女学馆馆长	美国通过《排日移民法案》
86	1926	大正十五年	创立日本太平洋问题调查会并任评议员会长； 创立日本放送协会并任顾问	
87	1927	昭和二年	创立日本国际儿童亲善会并任会长； 主办日美亲善人偶欢迎会	昭和金融危机爆发
88	1928	昭和三年	创立日本航空运送会社，任创立委员长； 发起创建日本女子高等商业学校	

（续表）

年龄	公元	和 历	涩 泽 事 件	日本乃至全球的动向
89	1929	昭和四年	创立中央盲人福祉协会并任会长	世界经济大萧条开始
90	1930	昭和五年	任海外殖民学校顾问	黄金出口禁令解除
91	1931	昭和六年	11 月 11 日与世长辞	满洲事变（九·一八事变）

资料来源：公益财团法人涩泽荣一纪念基金会首页，https：//www.shibusawa.or.jp/eiichi/chrono.html

附录三
日本年号对照表（1830—1926）

日本年号	公　元
天保	1830—1844
弘化	1844—1848
嘉永	1848—1854
安政	1854—1860
万延	1860—1861
文久	1861—1864
元治	1864—1865
庆应	1865—1868
明治	1868—1912
大正	1912—1926

译后记

　　本书由正文《雨夜谭》与附录论文《明治维新后经济界的发展》等构成，底本采用了岩波文库版《雨夜谭：涩泽荣一自传》。但岩波文库版的校注及解说由其他作者所著，并非出自涩泽荣一之手，因此没有翻译。

　　正如序文所说，本书由主审与学生利用面向北京大学外国语学院日语系 2019 级硕士的每周一次的翻译课程"日汉笔译案例分析"，历经两个学期（2019 年 2 月—7 月，2019 年 9 月—2020 年 1 月）逐步翻译而成。在此期间，受新冠肺炎病毒影响，主审暂时返回日本，在横滨家中以在线会议的方式授课。此外，翻译工作的后期并非正式授课，而是以自主讲座的形式开展的，但成员和日程安排都与正式授课时相同。

　　听讲的同学有五位：黄璐，刘子达，赵新悦，于果，马泽远。

　　在课堂上，先由多位同学分别试译指定段落，经主审点评，最后全体成员讨论通过每次译文，由黄璐负责定稿。整门课程总计 31 课时，每课时 110 分钟，因此仅算课程时间就需要 60 小时左右。

　　在为译文定稿时，除参照了公益财团法人涩泽荣一纪念基金会的《涩泽荣一传记资料》外，我还访问了由该财团运营，建于东京飞鸟山荣一故居的涩泽史料馆，参观了展板与相关资料。在此，我谨向亲切的馆长井上润先生表示衷心的感谢。

　　关于出版，我咨询了负责拙著《播种人：平成时代编辑实录》编辑与出版的上海交通大学出版社赵斌玮先生，并得到了爽快的答复，因此本书能够顺利出版。在此，我也向出版社及以王小菲、樊诗颖女士为首的各位编辑老师表示衷心的感谢。

主　审

马场公彦